L'influence agricole française en Afrique : crépuscule ou relance ?

Questions contemporaines

Collection dirigée par Jean-Paul Chagnollaud,
Bruno Péquignot et Xavier Richet

Chômage, exclusion, globalisation… Jamais les « questions contemporaines » n'ont été aussi nombreuses et aussi complexes à appréhender. Le pari de la collection « Questions contemporaines » est d'offrir un espace de réflexion et de débat à tous ceux, chercheurs, militants ou praticiens, qui osent penser autrement, exprimer des idées neuves et ouvrir de nouvelles pistes à la réflexion collective.

Dernières parutions

Quentin MEUX, *La République des valeurs*, 2022.
Yahya EL YAHYAOUI, *Les communs numériques, Propriété, économie de partage et gouvernance polycentrique*, 2022.
Jacques LANGLOIS, *Pour un changement anticapitaliste de société*, 2022.
Sébastien ROFFAT, *Faire du rêve une réalité : l'histoire de Disneyland Paris,* Nouvelle édition, 2022
Frédéric DEBOMY, *Le monde de Macron, la gauche défaillante et moi perplexe*, 2022.
Jacques ARNOULD, *La guerre de l'espace aura-t-elle lieu ?*, 2022.
Chrysostome CIJIKA KAYOMBO, *Analyse systémique et axiologique appliquée à la pratique de philosophie de l'éducation*, 2022.
Olivier CAREMELLE, *Argent, transferts, droits TV : le foot à l'agonie*, 2022.
Danièle FAVARI, *Le référendum d'initiative citoyenne. Mode d'emploi. Pour une démocratie participative*, 2022.
Arnaud MAIGRE, *L'innovation vertueuse. L'économie par les valeurs,* 2022.
Alexandre BAUMANN, *Économie du militantisme, Le paradoxe du cancer militant*, 2022.
Sandy LAROSE et Ginette FRANCILUS SANON, *Femme, identité et chrétienté aux temps modernes*, 2022.

Laurent BONNEAU
François LE GALL
Hervé LEJEUNE

L'influence agricole française en Afrique : crépuscule ou relance ?

L'Harmattan

5-7, rue de l'Ecole-Polytechnique, 75005 Paris

www.editions-harmattan.fr

ISBN : 978-2-343-25570-5
EAN : 9782343255705

Le présent livre n'engage que ses auteurs et en aucun cas les institutions qui les emploient ou les ont employés

Les auteurs :

De formation vétérinaire, Laurent BONNEAU s'est spécialisé dans la coopération internationale dès 1988, dans le domaine de l'élevage, notamment avec Vétérinaires sans Frontières puis au Ministère de la coopération avant d'occuper divers postes dans les services de coopération des ambassades à Madagascar, au Niger, en Haïti et en Amérique latine.

De formation vétérinaire, François LE GALL a poursuivi une carrière à l'international, d'abord avec la coopération française en Centrafrique de 1989 à 1993 puis avec la Banque mondiale jusqu'en 2019 où il a occupé plusieurs postes techniques et managériaux en appui au pays en développement, en Afrique et dans le domaine de l'élevage.

De formation agricole, juridique et économique, Hervé LEJEUNE a conduit de nombreuses missions, notamment en Afrique, dans le cadre de ses expériences professionnelles très diverses. Il a été notamment Conseiller de Jacques Chirac à la Présidence de la république et a dirigé le cabinet du directeur général de la FAO, Jacques Diouf.

Résumé

L'histoire de la coopération agricole française en Afrique est riche et dense. Après les premières indépendances, la coopération agricole française avec l'Afrique, ou au moins une partie de l'Afrique, a été portée par un dispositif fort et une doctrine inspirée de la colonisation avant de s'aligner progressivement sur l'aide internationale. Elle a été revisitée à l'occasion des ajustements structurels des années 80, perdant ainsi sa spécificité. Elle a obtenu des succès dont certains ont été utilisés et promus par la communauté internationale, mais n'a pas suffisamment su défendre auprès des partenaires africains l'originalité de sa position et de son approche.

Le rôle de la France dans les politiques agricoles en Afrique s'est affaibli ces vingt dernières années. Dans cette évolution, celui du ministère français en charge de l'agriculture s'est beaucoup affaibli au sein du dispositif français de coopération tandis qu'au cours de la dernière décennie, la coopération agricole française a tenté de se rapprocher de la coopération européenne, au plan des idées et des financements, notamment en raison de la multiplication des facilités de financement d'autres partenaires multilatéraux ou bilatéraux. Il faut reconnaître que, dans le même temps, la coopération internationale est devenue très concurrentielle et financiarisée et que les approches macro-économiques ou environnementales y ont été davantage privilégiées que les approches sectorielles, telle l'approche agricole traditionnelle, ces dernières années.

Alors que les destins français et africains sont « mêlés »[1], la France n'a pas suffisamment pris la mesure des enjeux agricoles et alimentaires du développement du continent africain ces dernières années. Ceux-ci se trouvent aujourd'hui dépourvus d'ambition collective et dispersés entre des objectifs divers et une multitude d'acteurs, publics et privés, sans réelle vision, sans pilotage avéré et sans coordination lisible pour contribuer à relever les nombreux défis du continent.

Si, comme évoqué au plus haut niveau de l'État français, la question agricole et alimentaire doit être au cœur de la relation entre la France et l'Afrique, cela reste à construire. Cette relation est essentielle et stratégique pour deux raisons : le défi alimentaire et les enjeux de l'emploi des jeunes en Afrique, tous deux liés à la croissance démographique, mais également la question des interdépendances alimentaires entre la France et l'Afrique.

Contribuer à un développement durable de l'Afrique, c'est remettre notre dispositif d'appui à l'agriculture et à l'alimentation en cohérence, en assurer le pilotage et reconnecter nos filières économiques agricoles et agroalimentaires avec l'ensemble de l'écosystème, souvent très isolé (recherche et enseignement). Mais c'est aussi redynamiser et renforcer notre expertise technique et stratégique au sein des ministères des Affaires étrangères et de l'Agriculture et relancer l'Agence française de développement (AFD) sur les questions cruciales qui hypothèquent la réussite des secteurs agricole et alimentaire en Afrique.

---

[1] Discours à l'Université de Ouagadougou du président de la République, Emmanuel Macron, le 28 novembre 2017 : « Nous sommes une génération dont les destins sont mêlés, qu'on le veuille ou non… »

Si la France ne veut pas sortir du radar de l'appui aux politiques agricoles et alimentaires en Afrique, il lui faut se redonner une vision et une stratégie sur ces questions en réconciliant davantage les questions commerciales et l'aide au développement et en articulant mieux l'action des différents acteurs français de la coopération internationale dans ces domaines comme l'AFD, le CIRAD[2], les organisations de la société civile, les entreprises et les opérateurs privés ainsi que le ministère en charge de l'agriculture.

C'est l'objet de cet ouvrage qui raconte l'histoire récente de la coopération française agricole en Afrique depuis les indépendances et pourra servir ainsi de référence et de repère pour les jeunes désirant se lancer dans l'aventure agricole africaine. C'est aussi un plaidoyer à l'attention des citoyens et des responsables politiques, car comme cela a été initié et évoqué lors du dernier Sommet Afrique-France, inédit dans sa forme et son contenu, la France est certainement à une période charnière de sa relation avec l'Afrique et sa population. Les questions agricoles et d'alimentation pourront être porteuses de cette relation, au moins partiellement. C'est ce qui décidera du crépuscule ou de la relance de la coopération agricole française en Afrique.

[2] CIRAD : Centre de coopération internationale en recherche agronomique pour le développement.

dépassaient souvent les seules questions agricoles ou de sécurité alimentaire. C'est seulement dans ce contexte que pouvait être appréciée cette influence réelle ou supposée.

Première partie

La coopération française et les politiques agricoles en Afrique de 1960 à nos jours

« Aussi longtemps que les lions n'auront pas leurs historiens, les récits de chasse tourneront toujours à la gloire du chasseur »

Proverbe africain

Définir la place de la France dans les politiques agricoles en Afrique est une gageure si l'on tient compte de la diversité des 54 pays africains, de la variété des politiques et des programmes qui y concernent l'agriculture et, enfin, du rôle très variable que peut jouer la France dans tous ces pays et leurs politiques.

Avant d'analyser en deuxième partie cette place, il convient de prendre le temps de retracer les grands traits[6] qui ont structuré la présence de la France dans le domaine des politiques agricoles depuis la fin de la colonisation sur le continent africain[7].

À cet égard, depuis les années 60, il est possible de distinguer quatre grandes périodes au cours desquelles la France a pu jouer un rôle en Afrique, que ce soit au plan général, mais surtout dans le secteur agricole incluant l'agriculture,

---

[6] Voir la frise historique 1960-2020 retraçant le cadrage global des politiques agricoles à la fin de ce chapitre p 68.
[7] Du Maroc en 1956 à Djibouti en 1977.

l'élevage, la forêt, la pêche, l'alimentation et le développement rural.

1960-1980 : Vingt années de leadership de la France en Afrique francophone

Quand les administrateurs coloniaux deviennent coopérants

L'aide est un produit de l'histoire, un outil de la guerre froide au service du processus de décolonisation. En Afrique francophone, le début des indépendances a été marqué, au cours des années 60 et 70, par la poursuite de modèles similaires à ceux qui avaient prévalu durant la colonisation : une intervention publique forte suivant un modèle économique keynésien favorisant l'interventionnisme de l'État, notamment dans le secteur agricole[8].

Des moyens humains et financiers substantiels ont été mobilisés pour appliquer ce modèle productiviste (au sens propre du terme), notamment via des sociétés publiques de développement et des entreprises d'Etat qui distribuaient les intrants et achetaient la production à des prix constants, souvent fixés à des niveaux très bas afin d'assurer une alimentation à bon marché aux citadins africains et à l'industrie française (coton, hévéa, cacao…).

Après 1962, dans un contexte mondial de guerre froide et de bipolarité est-ouest, l'agriculture fut l'un des thèmes

---

[8] Il s'agissait, en priorité, de porter l'accent sur les filières d'exportation et la production par la mise en place d'infrastructures conséquentes comme cela a été fait à l'Office du Niger en 1932 pour approvisionner, les industries européennes de transformation en matières premières (textiles, pneumatiques, pâtes alimentaires, menuiserie…) et les consommateurs européens (cacao, café, huile, riz, viande, fruits…) et citadins africains.

prioritaires, à côté de l'éducation, de la santé et des infrastructures.

Le modèle français de coopération s'est rapidement construit sur cette base et la suite de la période coloniale a transformé en « coopérants » bon nombre d'administrateurs coloniaux, anciens de la France d'outre-mer, qui ont joué un rôle important dans les structures de décision au niveau parisien ou dans les missions de coopération, mais également d'ingénieurs, d'enseignants et de chercheurs. Ce modèle s'est incarné tout particulièrement dans le secteur agricole qui constituait alors une activité importante des politiques coloniales de « mise en valeur » puis à partir des indépendances, dans les politiques d'aide publique au développement et de coopération, comme une suite logique et sans rupture. L'agriculture, qui faisait l'objet d'une attention privilégiée dans le projet colonial, a donc occupé tout naturellement une place importante dans les orientations et les priorités de la coopération française naissante.

La coopération agricole française en Afrique inspirée des modèles agricoles français et européen

Si la continuité et la permanence de l'héritage colonial dans la construction du dispositif de cette coopération sont indéniables, diverses influences et certains particularismes de la société française ont aussi façonné la coopération agricole de la France en Afrique et lui ont conféré ses caractéristiques.

La mise en place de la Politique Agricole Commune (PAC) au début des années 60, productiviste [9], d'inspiration interventionniste et promouvant un environnement économique stabilisé, a inspiré de nombreux acteurs. L'existence d'un syndicalisme agricole puissant et co-

[9] Au sens de la recherche constante de l'amélioration de la productivité.

gestionnaire de la politique agricole française a également marqué le dispositif de coopération dès les années 70 par la volonté d'appui aux organisations professionnelles. Cela débouchera sur la création des deux agri-agences françaises AFDI (1974) et FERT (1981) liées aux organisations professionnelles puis, dans les années 90, sur la mise en place des programmes de professionnalisation des organisations paysannes par la coopération française.

Il faut y ajouter le caractère relativement homogène de la formation initiale et des parcours professionnels de nombreux acteurs de la coopération (ingénieurs du génie rural et des eaux et forêts, ingénieurs agronomes, vétérinaires) qui a contribué à créer une communauté de pensée et à donner un caractère particulier à l'aide française.

Pendant deux décennies, les interventions françaises se sont caractérisées par un rôle central accordé à l'État, une présence importante d'assistants techniques et une concentration des moyens sur l'Afrique francophone, dans les pays dits « du champ ». La France possédait alors une position de leader, de fait, dans ses anciennes colonies et poursuivait une coopération intensive utilisant, dès les années 60, de gros bureaux d'études français (BDPA,

SATEC, SEDES…)[10] pour mettre en œuvre des projets de terrain qui s'exonéraient ainsi d'une lourde tutelle administrative. Toutefois, cette méthode contribua rapidement à déplacer les compétences des administrations nationales africaines vers des projets plus autonomes contribuant peu en réalité au renforcement des capacités des institutions

[10] BDPA : Bureau du développement de la production agricole ; SATEC : Société d'Aménagements, Travaux, Études et Commercialisation ; SEDES : Société d'Études pour le Développement Économique et Social.

nationales et à la formulation de politiques agricoles complètes et cohérentes.

La reprise de l'héritage colonial a été permise et encouragée dans la majorité des pays africains francophones grâce à l'accord tacite des nouveaux décideurs nationaux qui percevaient dans cette forme de coopération un moyen d'obtenir facilement des devises et de poursuivre une tradition bien ancrée de la gestion de rentes en Afrique. Ainsi, elle a permis de conférer immédiatement au dispositif de coopération une taille conséquente et une forte capacité opérationnelle dans la plupart des anciennes colonies (à l'exception de la Guinée). L'ampleur du dispositif français de coopération dans ces pays a été sans équivalent par rapport aux autres coopérations bilatérales au cours de cette période, d'autant que la plupart des institutions financières multilatérales telles que la Banque mondiale (BM) ou la Banque Africaine de Développement (BAD) n'étaient encore pas vraiment opérationnelles dans le domaine agricole. Seule, la Communauté économique européenne (CEE) était déjà présente dès les années 60 avec ses outils particuliers (FED, STABEX), souvent pilotés par des Français dans les délégations, à la tête de la Direction générale du Développement ou comme commissaires européens en charge du développement.

Une coopération agricole au service des rentes et des pouvoirs en place

Dans les années 60, une des conséquences de l'héritage colonial a été la priorité donnée à l'accroissement de la production des cultures d'exportation que les dirigeants des nouveaux États n'ont pas remis en cause, compte tenu des intérêts publics et privés qu'ils en tiraient. Avec des cours mondiaux agricoles élevés (1973-1978), il s'agissait principalement de produire au maximum pour approvisionner la métropole, comme avant les indépendances, dans un contexte encouragé par des accords commerciaux bilatéraux et régionaux qui facilitaient des débouchés sur le marché français dans des conditions favorables.

L'aide publique au développement[11] (APD) française, plus que les autres, a ainsi préservé et renforcé, dans un premier temps, un modèle de développement, favorisé par les autorités locales et axé sur l'accroissement de la production des « cultures de rente ». Le modèle agricole et les messages techniques diffusés pouvaient cependant se trouver en décalage avec les dynamiques endogènes de développement et les besoins locaux. Si les cultures de céréales et de protéagineux ou l'élevage pouvaient être soutenus, la culture de parcelles « mono-spécifiques » pour les cultures d'exportation a souvent été mise en avant alors que l'agriculture paysanne africaine pratiquait de nombreuses associations de cultures. L'usage croissant d'intrants (engrais, pesticides, mécanisation...) allait à l'encontre d'une logique très extensive, classique en agriculture vivrière qui privilégiait plutôt l'usage de la main d'œuvre familiale. Les politiques agricoles, embryonnaires à cette époque, étaient peu axées sur la consommation des populations rurales.

Cette approche productiviste s'est traduite également par des investissements importants dans le secteur de la transformation agro-industrielle, avec des projets parfois surdimensionnés, inadaptés au contexte local (silos à maïs en Côte d'Ivoire...) et décalés par rapport aux besoins locaux, mais portés par des cours mondiaux agricoles élevés, notamment ceux du café et du cacao dans les années 70.

---

[11] Conformément à la définition arrêtée par les membres du Comité d'aide au développement (CAD) de l'Organisation de coopération et développement économiques (OCDE).

Les premières sécheresses des années 1973-1974 dans le Sahel puis, plus tard, celles des années 1980 dans les pays côtiers, d'une part, et la crise pétrolière avec une chute brutale et forte des cours des produits agricoles, d'autre part, ont conduit la recherche et les organismes de développement[12] à tempérer l'approche productiviste développée jusque-là. À titre d'exemple, l'Institut de Recherche en Agronomie Tropicale (IRAT) s'est consacré au cours de la période des années 60-80 aux cultures vivrières et a marqué le redéploiement de la recherche française vers le vivrier en complément des cultures d'exportation. Les sécheresses ont eu des conséquences considérables, souvent dramatiques, pour les populations. Elles ont constitué un tournant fondamental dans la prise de conscience de la liaison indispensable entre climat, développement rural et alimentation. C'est la période de la création de l'organisme régional technique qu'est le CILSS en 1973 (Comité Inter États de Lutte contre la Sécheresse au Sahel) et du Club du Sahel en 1976, fortement marqués par la pensée française, qui ont été portés par la France, avec le Canada et l'OCDE. Ces outils ont permis d'obtenir une meilleure connaissance des réalités et des enjeux sahéliens même si cela n'empêchait pas totalement les bailleurs de fonds[13] de continuer à délivrer des solutions toutes faites « clés en main », loin parfois des besoins réels des paysans.

---

[12] Promue par les chercheurs « systèmes » que l'on trouvait dans les 9 instituts spécialisés (coton et textiles exotiques, huiles et oléagineux, fruits et légumes, recherches agronomiques tropicales et cultures vivrières, élevage et médecine vétérinaire des pays tropicaux, caoutchouc, café cacao et autres plantes stimulantes, forêt tropicale, machinisme agricole tropical) qui fusionneront en 1984 pour constituer le CIRAD.

[13] Terme employé dans ce document de manière générique c'est-à-dire incluant à la fois les donateurs (comme l'USAID) et les prêteurs-donateurs (comme l'AFD).

Des instituts de recherche davantage impliqués et plus à l'écoute des besoins

Le capital de connaissances des Instituts de recherche (les 9 instituts spécialisés qui constitueront le CIRAD, l'IRD, l'IFREMER, le BRGM...), unique en Europe, a permis de compenser le biais des choix imposés par les bailleurs de fonds en mettant à disposition un appareil analytique multidisciplinaire[14].

La coopération française en matière de développement rural a ainsi pris de la profondeur et s'est inscrite dans un continuum de recherche nourri par des approches ethnologiques et anthropologique moins conformistes [15] qui a traversé les époques, depuis René Dumont[16]. Elle a été à l'initiative de nombreux programmes et a fait l'objet de multiples capitalisations à l'origine de l'importante production documentaire du ministère de la Coopération.

Ce courant s'est ancré à partir des années 70 sur un véritable partenariat entre organismes de développement et instituts de recherche, par filière d'exportation (coton, cacao, café, arachide, huile de palme) et de productions locales (riz, sorgho, mil, niébé, manioc, maïs, productions animales). Il a contribué à améliorer la couverture des besoins alimentaires

---

[14] Ces travaux étaient d'ailleurs relayés au sein de plusieurs réseaux (TPA, GAO IMPACT, AMIRA) financés par le ministère de la coopération, à l'image du réseau AMIRA (Amélioration des méthodes d'investigation en milieu rural africain) qui est à l'origine d'innovations méthodologiques associant les dimensions économiques, sociales et culturelles comme le prônait G. Winter, directeur de l'IRD de 1989 à 1995.

[15] Avec notamment Georges Balandier, Marcel Mauss, Claude Meillassoux, Jean Copans, Jean-Pierre Olivier de Sardan.

[16] Et qui s'est prolongée avec notamment Marcel Mazoyer et Michel Griffon.

dans de nombreux pays, comme la Côte d'Ivoire par exemple. Il s'est singularisé aussi par ses préoccupations (priorités aux paysans, équilibres ville-campagne), ses choix (agroforesterie, transformation locale, approche par filière de production, désenclavement et territoire, éducation), ses méthodes (implication des divers acteurs, priorité au terrain, mise à l'échelle) et ses territoires de prédilection (Madagascar, Sahel, Bassin du Congo et du Sénégal). De 1960 à 1980, la recherche a donc été partie prenante de la coopération agricole et très opérationnelle comme ce fût le cas, par exemple, dans le domaine économique avec la « méthode des effets »[17].

Alors qu'au cours de cette période l'Asie vit sa première révolution verte, à quelques exceptions, l'économie rurale africaine traditionnelle reste essentiellement une économie de subsistance privilégiant les valeurs d'usage aux valeurs marchandes prônées par le modèle occidental. Le cadre agraire africain de cette période correspond à un rapport relativement stable entre des sols pauvres (hormis quelques exceptions de l'agriculture irriguée notamment dans les vallées du Nil, du Niger ou du Sénégal) et des cultures d'exportation de produits de base non transformés (cacao, coton, palme ou hévéa) dont les performances pluviales sont bonnes. Il se caractérise également par une démographie encore modeste (faible densité de peuplement et taux de croissance limité par une forte mortalité infantile) et un ordre social lignager avec un système foncier s'autorégulant (y compris dans ses relations avec les systèmes transhumants), visant à protéger le groupe contre une pénurie artificielle des terres ; ce qui n'empêchait pas les ruptures en période de

---

[17] Conçue pour appréhender les divers impacts d'un projet de développement (Chervel et Legall,1976, Bridier et Michailof,1980) et utilisée lors des débats avec la BM sur l'avenir des filières cotonnières de l'Ouest Africain.

soudure et les catastrophes naturelles ou démographiques régulières.

Curieusement, hormis quelques pays (Tunisie, Maroc, Maurice) et contrairement à de nombreux pays asiatiques, le succès agricole et agro-industriel des années 60 et 80 ne s'est jamais traduit en Afrique par une insertion industrielle dans les chaînes de valeur de la mondialisation qui aurait permis aux pays de multiplier les sources de croissance et les emplois qualifiés. La modernisation est restée un leitmotiv inscrit dans les énoncés de politiques publiques et les plans d'émergence initiés ces dernières années sans conduire à des ruptures réelles dans les politiques agricoles africaines. Entre les plans d'émergence sans vision et des visions sans émergence, l'Afrique peine à s'approprier ses trajectoires de développement [18]. Ceci était flagrant à cette période et le reste actuellement en Côte d'Ivoire, premier producteur mondial de cacao et de noix de cajou et qui n'en transforme encore qu'une infime partie. Le pays exporte, dans une vision de court terme, sa valeur ajoutée et ses ressources naturelles au détriment d'un développement territorial plus équilibré et plus pérenne...

Cette période fut celle des offices agricoles, des caisses de stabilisation, des entreprises publiques, des projets d'aménagement régionaux (bassin du Sénégal, du Niger et du Congo), du développement des Instituts de recherche, des écoles d'ingénieurs inter États spécialisées, mais aussi de multiples réalisations pilotes et originales par l'appui de nombreuses équipes spécialisées et militantes qui se sont développées progressivement dans les années 80 (IRAM, AFDI, CCFD, GRDR, GRET, SOLAGRAL…).

---

[18] Entretien avec Kako Nubukpo dans Politique africaine 2017/1 (n° 145), pages 51 à 63.

Les témoignages recueillis comme la documentation disponible montrent que les résultats étaient visibles et substantiels au terme de cette période foisonnante de projets de terrain : des dizaines de milliers de cadres et d'ingénieurs formés, des infrastructures (notamment éducatives) installées, des capacités institutionnelles créées. Les taux d'accès à l'école, à la santé, à l'eau et à l'énergie ont considérablement augmenté sur cette période et la sécurité alimentaire s'est améliorée dans de nombreuses régions.

1981-1993 : Un recul de la France en même temps que la chute des cours mondiaux et la montée en puissance des institutions internationales

Cette période d'une bonne dizaine d'années marque un changement profond avec les « ajustements » imposés par les « bailleurs » et la montée en puissance des organisations internationales œuvrant pour le développement agricole et la sécurité alimentaire.

Après la pluie et les investissements, la sècheresse et les ajustements

Après la phase porteuse « post-coloniale » (1960-1980), la coopération française s'est trouvée confrontée, au début des années 80, aux coûts importants et croissants de ses projets de coopération agricole de plus en plus difficiles à supporter par une seule coopération bilatérale. Cela était essentiellement lié à la montée en puissance du nombre et des montants unitaires des projets et aux récurrences induites par le fonctionnement de ces projets dans des pays où la monnaie était fortement surévaluée.

Elle a dû engager son propre ajustement conceptuel et structurel face à des remises en cause nombreuses : la baisse tendancielle des cours de matières premières agricoles, la dégradation des termes de l'échange entre matières premières et industrielles, la crise pétrolière et son impact sur les finances publiques et, bien sûr, le constat de nombreuses inefficiences dans la dépense publique, notamment dans le développement agricole et l'encadrement des sociétés d'État plus ou moins bien gérées, des prélèvements « politiques » excessifs sur les filières (Caisse de stabilisation en Côte d'Ivoire) et la surévaluation du Franc CFA lié à sa parité au Franc français.

L'influence du libéralisme économique et de la mondialisation prônée dans le monde et en Afrique par les principaux acteurs du régime international de l'aide s'est progressivement développée au début des années 1980. Avec insuffisamment de recul et manquant d'analyses macroéconomiques, la coopération française est dès lors entrée dans la turbulence des ajustements structurels et a dû, faute d'ajustement monétaire rapide, s'adapter rapidement pour résister au choc macroéconomique, obligée de changer progressivement d'objectif et de modèle. Elle a été poussée à réfléchir à son modèle et à sa relation avec ses partenaires africains. Sa position de leader en Afrique de l'Ouest, son pouvoir de rayonnement et d'attractivité et sa capacité d'imposer normes et pratiques de coopération dans son « champ » ont dû évoluer même si, au cours de cette période, les choix politiques internes (absence de dévaluation, maintien de la coopération bilatérale et des relations politiques historiques, volonté de tenter des ajustements internes) et les contradictions croissantes parmi les acteurs français ont freiné cette évolution. C'est également la période au cours de laquelle sont montées en puissance d'autres agences de coopération (bi- et multilatérales) en Afrique, y compris en Afrique francophone.

Un modèle libéral et un rôle renforcé des organisations multilatérales

L'érosion du modèle français et son adaptation se sont engagées dans un contexte d'évolution des modèles économiques et de développement internationaux. À la suite de la prise de pouvoir de Madame Thatcher en 1979 en Grande-Bretagne puis de Monsieur Reagan en 1980 aux États-Unis, la bipolarité a fait place à la mondialisation symbolisée par la chute du mur de Berlin en 1989.

Le consensus keynésien des années 70 a laissé la place au consensus de Washington et au libéralisme économique privilégiant ainsi le « tout marché » et le « New public management ». L'aide, y compris française, s'est inscrite dans un nouveau cadre macroéconomique et s'est traduite dans les plans d'ajustement structurel et les programmes d'ajustement sectoriel agricole (PASA) en laissant ainsi une place croissante aux institutions multilatérales, mandatées par leurs États membres, dont la France, pour en assurer la préparation et la négociation. Les coopérations bilatérales, à l'image de celle de la France, ont été chargées de leur mise en œuvre. Il s'agissait essentiellement de réduire la dépense publique dans toutes ses composantes de façon à l'ajuster aux recettes fiscales prélevées sur l'activité économique taxable, notamment les exportations. La communauté internationale (dont la France) n'était pas disposée à accroître le volume de son aide.

Ces ajustements ont été menés de manière uniforme et souvent excessive. Les politiques sectorielles et la planification, revisitées dans le cadre des PASA pour l'agriculture, ont fait l'objet de débats intenses pour identifier ce qui devait être gardé, modifié ou supprimé.

Après l'euphorie des gros investissements agricoles et des cours agricoles élevés de 1973 à 1978, la dégradation de la compétitivité a globalement étouffé les économies des pays africains de 1978 à 1993, laminant les embryons de classes moyennes, aggravant la situation des plus pauvres et réduisant considérablement les dépenses budgétaires dédiées à la santé et à l'éducation.

Dans ce contexte, malgré les divergences et les conflits idéologiques rencontrés à cette période entre les bailleurs de fonds, l'appareil français de coopération technique est demeuré un interlocuteur privilégié de la Banque mondiale dans le domaine de l'Agriculture en Afrique de l'Ouest, au cours des années 80, avec de nombreux échanges organisés chaque année. Il était, à ce moment-là, encore robuste grâce à un corpus doctrinal qui faisait consensus parmi les acteurs français (État, ONG, Recherche) et disposait de moyens humains importants, présents sur le terrain et de grande qualité. Mais il faut reconnaitre qu'il était également singulièrement fragile, car le consensus doctrinal souffrait de graves lacunes au plan économique (manque de références macroéconomiques) et le coût élevé de ces ressources humaines s'est révélé prohibitif.

L'aide en faveur de l'agriculture fait les frais de l'appui aux secteurs sociaux

Face à la chute des cours agricoles et à l'inadaptation des sociétés publiques mal gérées qui avaient été mises en place au temps des « vaches grasses » (années 70), les politiques d'ajustement structurel imposées de l'extérieur sont apparues comme une nécessité à la fin des années 80 pour assurer légitimité et efficacité à l'aide au développement. Elles ont cependant dépossédé en partie les États du contrôle de leurs politiques et ont été appliquées sans discernement et sans grande considération pour les populations locales. De nombreux décideurs politiques africains étaient conscients du besoin de ces réformes en négociant des transitions portées par la Banque mondiale et le Fonds monétaire international (FMI).

Les documents d'orientation stratégique se sont multipliés et ont été rédigés principalement par des experts travaillant pour les diverses agences de coopération, parfois sans concertation entre les blocs onusiens (FAO, PNUD) et ceux de Bretton Woods (BM, FMI) et dans un grand silence des Européens. Même si ces documents avaient un intérêt stratégique pour la construction de politiques publiques, leur configuration variait selon les exigences des bailleurs de fonds (Lettre de développement de politique agricole, Schéma de développement rural, Plan stratégique opérationnel…) et ils procédaient généralement, in fine, du même esprit consistant systématiquement à retirer aux États les leviers de commande pour réduire la dépense publique et ouvrir le secteur au marché et aux avantages comparatifs.

En conséquence, ces années 80 ont été marquées par l'intervention forte et visible du FMI et de la BM[19], en particulier dans les pays les plus endettés, en imposant aux pays souhaitant bénéficier de leurs soutiens ces « programmes d'ajustement ». Dans le cas du FMI, les pays emprunteurs s'engageaient notamment à liquider ou restructurer les sociétés publiques de développement, à lutter contre la corruption et à améliorer le statut des investissements étrangers. La BM s'inscrivait logiquement dans la suite des prescriptions du FMI, notamment avec l'appui aux politiques de libéralisation des échanges extérieurs et la réduction des droits de douane.

Mais l'expérience a montré que lorsque la perte de compétitivité économique dépasse un certain seuil (30 à

---

[19] L'UE et les États membres s'étant mis en retrait, mais étaient parties prenantes des décisions dans les pays en développement.

40 %), les politiques d'ajustement en termes réels, sans dévaluation de la monnaie [20], sont politiquement et socialement difficiles à accepter et peuvent déboucher sur un échec lié au refus des mesures d'austérité par la population.

La résistance de l'aide française dans le secteur rural

La coopération française a tout d'abord tenté de conserver et de renforcer ses modalités d'intervention tout au long des années 1980 avant de plier, à la fin des années 90, pour diverses raisons.

En premier lieu, des raisons internes, liées aux insuffisances du modèle issu de la colonisation, n'ont pas favorisé le développement des capacités locales ni permis au modèle d'atteindre les objectifs fixés [21] : faible coordination des instances françaises impliquées dans la coopération, des budgets de coopération importants (1Md FF sur 7Mds, soit 16 % de l'APD globale agricole) peu soutenables et une relation politique de plus en plus déséquilibrée avec les États africains partenaires du premier cercle (anciennes colonies françaises), en partie fatigués par l'attitude paternaliste de la France.

Mais de nombreuses raisons externes ont aussi été décisives dans l'affaiblissement du dispositif français de coopération, notamment agricole. D'une part, les États africains, en

---

[20] La dévaluation du Franc CFA n'a pas été faite à cette période, la France se trouvant prise entre la complexité technique et politique d'une dévaluation qui devait associer les 13 pays de la zone franc et, au même moment, en 1983, son souci d'arrimage à l'Europe et donc à une politique du franc fort.

[21] Mais l'ouverture du champ (37 pays au lieu des 14 initiaux en 1985) était plutôt un atout pour les deux parties, repositionnant mieux la posture française en appui à la demande, mais provoquant, en revanche, l'éparpillement des financements.

s'émancipant et sous l'effet des bailleurs de fonds multilatéraux, ont souhaité être davantage parties prenantes des politiques de coopération et être plus à l'écoute d'une offre internationale plus attractive et concurrente répondant davantage aux besoins de leurs populations. D'autre part, le souci de démocratisation de la vie politique (Sommet de La Baule en 1989) a accru le besoin de transparence vis-à-vis des populations, notamment sur les choix politiques de développement des cultures de rente et sur la redistribution des bénéfices réalisés. Enfin, les responsables politiques nationaux ont trouvé dans les institutions internationales le moyen d'échapper aux sanctions de leurs populations (politique agricole uniquement exportatrice pour la production de devises) et de s'ouvrir davantage en imposant, de facto, au modèle français une évolution plus rapide pour accompagner cette émancipation, par ailleurs contrainte par l'obligation politique de la rigueur en France.

Dans ce contexte et à la suite du changement de majorité politique en 1981, la France a modifié ses pratiques et revu son modèle de coopération en renforçant ses financements, en ouvrant son champ, en renouvelant ses cadres (plus de jeunes, formation au CPDCET[22] créé en 1960) et en mettant en place divers réseaux (TPA[23], GAO[24], IMPACT[25]) pour capitaliser son expérience dans le secteur rural et favoriser les échanges entre les « experts français ». Cela lui a permis de conserver, dans quelques pays, un rôle significatif et de poursuivre sa contribution aux débats internationaux.

---

[22] CPDCET : Centre de Perfectionnement pour le Développement de la Coopération Économique et Technique.

[23] Réseau Transformation des Produits Agricoles.

[24] GAO : Réseau Groupements, Associations, Organisations paysannes.

[25] IMPACT : Réseau de suivi des impacts de la coopération sur le développement rural.

La vigueur des groupes de réflexion français, au risque de l'entre soi, a permis de proposer et d'expérimenter des actions alternatives aux réformes soutenues par les grandes institutions internationales. La France a porté une parole différente sur des thèmes comme la vulgarisation agricole, l'organisation professionnelle, l'appui aux filières, les interprofessions, la décentralisation, l'accès au foncier, la gestion des terroirs et des ressources naturelles, par ses modèles ancrés dans le territoire (agence de l'eau, parc naturel régional…) et par la microfinance et l'économie solidaire et sociale (mutualisme, assurance). Ces travaux et ces réflexions ont permis ainsi de nourrir les débats au sein de la Commission européenne, de la Banque mondiale ou des organisations régionales africaines. La coopération française disposait alors d'un corpus doctrinal partagé par tous les acteurs français et largement pris en compte dans les portefeuilles des grands bailleurs de fonds multilatéraux.

Les prémices de l'alignement de l'aide française dans le secteur rural

Trop sûrs de leur modèle, marqués par une culture de la régulation, les acteurs de la coopération française ont minimisé les contraintes économiques et les effets du marché ; ce qui a fragilisé la légitimité de leurs appuis. De fait, ils n'ont pas su préparer les gouvernements africains à la vague de libéralisation des années 1990-2000.

Bien que n'ayant pas suffisamment anticipé les évolutions, la coopération agricole française a cependant su être réactive et faire évoluer son modèle en réponse aux évolutions brutales du contexte macroéconomique, des nouvelles approches internationales et de l'émancipation des États africains. Elle a fait évoluer son dispositif et s'est engagée dans une meilleure prise en compte de la « recherche-développement », du développement local, du développement de la microfinance, de l'organisation des filières et de l'appui aux organisations professionnelles agricoles. Les ONG françaises [26], déjà présentes pour certaines, sont venues consolider le dispositif avec de nouvelles organisations, d'abord dans l'urgence (MSF, ACF...)[27] suite aux deux famines de 1973 au Biafra et de 1983 en Somalie, puis dans le champ du développement à compter des années 85, notamment auprès des populations locales et des organisations professionnelles agricoles en création (AFDI en 1974). Le financement des ONG va régulièrement augmenter pour atteindre des budgets conséquents[28] (2,2 M€ sur le budget dédié aux organisations de la société civile (ONG) et consacré au secteur agricole et alimentaire en 2009) et compléter les financements sectoriels de certains acteurs. C'est également l'époque où se développe le partenariat des Organisations professionnelles françaises (AFDI, FERT) avec celles du Sud, sous l'appui, le pilotage et le financement conjoint du ministère de la Coopération (projets de professionnalisation agricole) et du ministère en charge de l'agriculture (mise à disposition de fonctionnaires et de financements auprès de l'AFDI). C'est aussi la période où, au sein même de la Banque mondiale, les chargés de projets agricoles pour l'Afrique, à majorité francophones, vont contester, avec succès, la pertinence des formes d'intervention de celle-ci dans le domaine de la vulgarisation agricole (méthode « *training and visit* » et ses programmes associés)[29].

---

[26] La création du GRET, avec l'appui de l'État au début des années 80, bien doté en agents du CIRAD et de l'IRD et hébergé par l'IRD, montre le dynamisme de développement des ONG, à l'image de bien d'autres comme AVSF.

[27] MSF : Médecins Sans Frontières ; ACF : Action Contre la Faim.

[28] Même si encore largement inférieur à celui de nombreux pays.

[29] Cette posture a permis de promouvoir de nouvelles approches via les Projets d'appui aux Services Agricoles et aux Organisations de Producteurs (PSAOP), les Projets de Gestion des Ressources Naturelles

Convaincue de la nécessaire sécurité des approvisionnements et des prix des produits, la coopération agricole française s'est alors engagée dans l'appui à des politiques sectorielles promouvant les produits vivriers aussi bien que les cultures d'exportation, notamment par la protection régionale de certains produits stratégiques vis-à-vis du marché mondial (concurrence sur les céréales, le riz, la viande)[30], s'opposant de fait à la pensée dominante véhiculée notamment par les défenseurs des programmes d'ajustement sectoriel agricole au sein des Institutions financières internationales.

La filière coton était emblématique de la doctrine spécifique de la coopération française avec le modèle d'intégration verticale et de mutualisation sous-régionale développé par la Compagnie française pour le développement des fibres textiles (CFDT) dès avant les indépendances. Elle constituait une enclave de stabilité dans un environnement économique instable. Les sociétés nationales publiques qui ont pris le relais ont permis un développement singulier de la culture du coton en Afrique de l'Ouest et du Centre, avec, sans irrigation, des rendements supérieurs à ceux observés en Afrique anglophone dans un système libéralisé. Les retombées positives étaient d'ordre macro-économique (source de devises pour une quinzaine de pays africains), mais portaient également sur l'effet d'entrainement sur les cultures (céréales, niébé, sésame) en rotation avec le coton, ainsi que sur la promotion de la culture attelée, l'organisation des producteurs et l'amélioration des conditions de vie (désenclavement, accès à l'eau, à l'école et aux soins).

(PGRN) ou d'appui aux communautés rurales (*Community Driven Rural Development*).

[30] Elle va de même promouvoir l'élevage pastoral extensif aussi bien que l'intensification périurbaine (volailles, porcs, ovins).

Et pourtant, cette filière fut l'objet d'une véritable controverse avec la Banque mondiale sur les mécanismes de prix d'achat aux producteurs, le rôle des sociétés d'État monopolistiques, la privatisation de l'amont et de l'aval de la filière et le rôle des organisations interprofessionnelles. La Banque mondiale, dénonçant les dérives de la gestion étatique, prônait la libéralisation et le démantèlement rapide et total de la société nationale unique (création de plusieurs sociétés d'égrenage concurrentes, séparation de l'égrenage et de l'huilerie) tandis que la France marquait sa différence par ses propositions alternatives en mettant en avant les avantages de la gestion intégrée.

À la fin des années 90, les autorités françaises, qui avaient contribué depuis les années 70 à mobiliser les cadres compétents des administrations vers des projets autonomes et gérés par un nombre croissant d'ONG, de Bureaux d'études ou d'associations à statut mixte, ont commencé à reconnaitre, en l'absence de contrepouvoirs, la mainmise des États sur l'économie, la présence d'administrations envahissantes et tatillonnes, la faible efficacité des multiples sociétés publiques africaines et les coûts pharaoniques engendrés par les institutions publiques.

Reconnaissant, de fait, les pratiques prédatrices de certaines élites politiques africaines, les autorités françaises ont tenté de combiner le maintien d'un environnement économique stable, la réduction des coûts budgétaires, les privatisations et le renforcement des organisations de producteurs (OP). Toutefois, la mise en place d'une cogestion État-OP et des formes de gestion interprofessionnelle dans lesquelles l'État serait stratège et contrôleur, a finalement connu des applications limitées. Dans les filières agro-industrielles d'exportation en culture pérenne (hévéa, palme) ou annuel (coton), les collèges de « planteurs » jouaient un rôle significatif, mais, dans d'autres filières (cacao, café), le rôle des coopératives était limité à la pré-collecte. Dans les filières « domestiques », les coopératives ne pesaient guère et les organisations syndicales généralistes que la France avait soutenues, avec l'appui d'AFDI, ont encore aujourd'hui un poids politique modeste.

La coopération agricole française en panne de stratégie alternative

À la fin des années 80, la remise en cause des interventions publiques pouvait se justifier par la mauvaise utilisation des dépenses qu'elles avaient engendrées et par la faible efficacité des administrations mises en place. Cette situation obligeait à proposer des stratégies alternatives pouvant réorienter le rôle de l'État et relancer des politiques agricoles. Mais les effectifs des ministères fortement comprimés, comme les budgets de fonctionnement, laissaient une place réduite aux fonctions régaliennes et sacrifiaient assez brutalement la mémoire institutionnelle et la capacité de rebondir. Les institutions nationales ont ainsi largement perdu leurs capacités et les moyens de pilotage et de coordination des stratégies de développement, au détriment de multiples acteurs qui sont arrivés sur le devant de la scène (projets divers, ONG et secteurs privés nationaux et internationaux). Les opérateurs des filières revendiquaient cependant, dans bien des cas, le rôle de l'État pour coordonner et mettre en cohérence les acteurs autour d'une politique publique.

Les intérêts des populations urbaines en forte croissance prenaient logiquement une part de plus en plus importante dans les débats sur la sécurité alimentaire et la baisse des tarifs douaniers ouvrait la porte aux importations et à l'extrême rentabilité des acteurs en aval des filières (commerçants) directement ou indirectement inspirateurs des décisions politiques. Paradoxalement, l'accélération de l'urbanisation présentait, en 1980, une opportunité unique pour le développement rural africain (étude WALTPS), [31] mais constituait dans le même temps un risque important du fait d'arbitrages politiques en général plutôt favorables aux urbains (importations alimentaires à bas prix, financements d'infrastructures, programmes sociaux) qu'aux ruraux, à l'agriculture en particulier, jusqu'à délaisser des zones rurales entières comme le nord Mali, par exemple.

Des dispositifs de formation peu adaptés aux besoins

La formation agricole a été également un point d'orgue de la coopération française avec, d'une part, la mise en place de nombreux instituts régionaux de formation[32] et, d'autre part, le développement de nombreux partenariats avec les établissements d'enseignement technique agricole français par le biais de la coopération décentralisée et l'accueil de nombreux étudiants dans nos universités et écoles d'agronomie et vétérinaires.

Mais les systèmes de formation, mis en place au lendemain des premières indépendances, ont privilégié les formations longues, diplômantes, orientées vers le secteur « moderne » (secteur d'Etat et des grandes entreprises publiques ou para publiques), afin de former les personnels nécessaires à la création de l'appareil d'État et à l'encadrement des productions.

La crise des années 90 a entraîné l'arrêt des recrutements dans la fonction publique et a profondément perturbé le

[31] *West Africa Long-Term Perspective Study* (WALTPS). Club du Sahel, OCDE, Paris (France), 1998.

[32] École inter-Etats des Sciences et de Médecine Vétérinaires de Dakar, École inter-Etat des ingénieurs de l'équipement rural et Ecole internationale de l'eau et de l'Environnement de Ouagadougou.

fonctionnement de l'enseignement agricole dont les débouchés étaient principalement orientés vers ce secteur : arrêt ou diminution des recrutements d'élèves, déflation du corps d'enseignants, absence de rénovation des programmes, infrastructures et équipements en voie de délabrement, absence de relations avec la recherche agronomique.

Face à l'étendue des besoins de formation des acteurs du milieu rural, les appareils éducatifs agricoles n'ont pas suivi l'évolution de la démographie et des besoins. Ils se sont fragmentés entre plusieurs ministères de tutelle, se sont cloisonnés entre niveaux différents et ont rompu leurs liens avec le système éducatif primaire, secondaire et technique. Enfin, ils se sont éloignés du milieu professionnel agricole et de la recherche. L'enseignement agricole s'est développé à travers des programmes isolés, peu adaptés, sans souci d'équité ni d'efficacité et sans lien avec une politique agricole nationale.

Formant plus d'ingénieurs que de techniciens et très peu de producteurs, les dispositifs de formation agricole ne répondaient plus aux exigences d'un changement en profondeur du secteur agricole et du milieu rural[33]. Au fil du temps, l'enseignement technique agricole a quasiment disparu dans certains pays.

La difficulté des bailleurs de fonds à définir leurs priorités

Cette période était confuse pour les bailleurs de fonds, car les conditionnalités liées à l'ajustement structurel ont laissé la place à de nouvelles règles et procédures résultant des

[33] Ils sont aujourd'hui en difficulté pour s'adapter aux exigences de la situation, accompagner l'insertion des jeunes ou assurer les besoins de formation continue des actifs.

nouveaux principes du développement (OMD)[34], à la mise en place des « Cadres stratégiques de lutte contre la pauvreté », « bonne gouvernance »...

La dégradation de la compétitivité, notamment agricole, et la diminution des investissements en faveur de l'agriculture, jugée comme un secteur à risque, ont contribué à une forte paupérisation de la population rurale. La priorité était désormais d'éradiquer l'extrême pauvreté, d'assurer la sécurité alimentaire, et l'éducation primaire pour tous, de promouvoir l'égalité et l'autonomisation des femmes, de réduire la mortalité infantile, d'améliorer la santé maternelle et combattre les maladies, d'assurer un environnement humain durable et de mettre en place un partenariat mondial pour le développement.

Ces nouvelles modalités d'intervention ont obéré durablement l'expression des leaderships nationaux et le développement des politiques sectorielles, notamment agricoles, prises progressivement dans des injonctions contradictoires (modernisation, agriculture familiale, libéralisation…). La dévaluation du Franc CFA, bien que tardive, était devenue nécessaire au rééquilibrage des économies des pays concernés.

1994-2008 : Des réformes essentielles pour les politiques agricoles et les dispositifs de coopération

Le temps des « budgétaires » et des « managers »

Tandis que l'APD s'établissait sur de nouvelles bases au plan international, la France, concentrée sur une réforme profonde de sa coopération, s'est désintéressée du secteur agricole

---

[34] Objectifs du Millénaire pour le Développement (Nations Unies).

même si une forte inertie des projets engagés a pu maintenir l'illusion d'une présence encore forte pendant quelques années.

Avec le temps, les préoccupations budgétaires et managériales, en grande partie justifiées[35], l'ont emporté sur la réflexion stratégique et l'expérimentation de terrain. La fin du modèle de l'assistance technique résidentielle[36] et la chute drastique de l'effort d'aide ont accompagné brutalement la perte de substance et d'identité de la coopération agricole française en Afrique à la fin des années 90, faisant ainsi disparaitre l'exception française et notamment sa « pensée développementaliste » [37] qui s'est progressivement effacée. Ce retrait, mal vécu par certains partenaires africains, mais également par des acteurs français, s'est inscrit dans une logique guidée, d'une part, par le souci d'une rationalité supérieure et d'un nouvel universalisme éclairé par le marché et la bonne gouvernance, sous couvert de mondialisation, mais aussi, d'autre part, par le dépérissement inéluctable d'une relation asymétrique, exclusive et paternaliste. Advint le moment du pragmatisme pour la coopération française et son alignement sur le dispositif de coopération internationale et multilatérale.

---

[35] Il s'agissait, sous l'impulsion de Jean-Michel Severino, alors directeur du développement au Ministère de Coopération et cheville ouvrière de la dévaluation, de restructurer un système trop éclaté (Bercy, Rue Monsieur, Quai d'Orsay et Caisse Centrale).

[36] Experts mis à la disposition des institutions nationales pour des durées de 2 ans et plus, en substitution ou en conseil d'homologues nationaux.

[37] *Avec notamment René Dumont, Marcel Mazoyer, Michel Griffon, cités au chapitre 1 : « Des instituts de recherche davantage impliqués et plus à l'écoute des besoins ».*

La multiplication des thématiques et la montée en puissance des agences

Le libéralisme économique et la mondialisation se sont fortement amplifiés au cours de cette période et la présence commerciale de la Chine a augmenté à compter des années 90[38], la conduisant à devenir le premier partenaire commercial de l'Afrique à partir de 2009.

Dans le même temps, au cours des années 2000, les États africains ont continué à subir de nouvelles injonctions des Occidentaux sur l'APD en réponse aux résultats mitigés des ajustements structurels. Ainsi, la lutte contre la pauvreté, l'éducation, la santé et les OMD en général sont devenus les lignes directrices de l'APD, l'agriculture y étant considérée davantage comme un secteur social qu'économique.

La résistance des États africains pour redonner une place au secteur rural…

Ce fût paradoxalement le moment où les États, très faibles, laissèrent davantage de place au développement des organisations de la société civile et des ONG. De nombreux bailleurs de fonds ont modifié leurs conventions avec les Etats en leur demandant de laisser « faire faire ». Leurs outils financiers ont été orientés vers une aide budgétaire théoriquement responsabilisante avec un accroissement de la part des financements vers les acteurs du secteur privé ou de la société civile. Même s'il faudra l'évaluer dans le temps, cela n'a fait qu'aggraver l'affaiblissement des administrations et notamment leurs ressources humaines les mieux formées et les mieux payées dans ces agences. Leur perte de moyens, de compétences et de crédibilité vis-à-vis des autres acteurs n'a

[38] Adhésion à l'Organisation Mondiale du Commerce (OMC) en 2001.

pas facilité la nécessité de replacer l'État dans son rôle d'impulser, d'initier, de contrôler et d'évaluer.

Face à cette situation, dès la fin des années 90, les budgets publics agricoles africains se sont effondrés en passant de 6 % des budgets nationaux à 4 % en 1998[39].

Ce fut également la période où furent créées les organisations régionales africaines (UEMOA en 2001, CEDEAO en 2005) et lancée une initiative continentale africaine dans le cadre de l'Union Africaine avec le NEPAD[40] qui permît, à Maputo en 2003, la création du Programme détaillé de développement de l'agriculture africaine (PDDAA)[41]. Ce programme a facilité la définition de priorités nationales et régionales et la reprise en main par les Africains du dialogue avec les bailleurs de fonds, au moins sur le papier puisque l'ancien Président du Sénégal (2000-2012), Abdoulaye Wade, comparait le NEPAD à « une Mercedes sans chauffeur ».

...mais malgré les opportunités de croissance, le secteur rural n'intéresse plus les bailleurs de fonds

Cette période est aussi celle où la plupart des bailleurs de fonds ont renforcé leur défiance à l'égard des administrations publiques nationales africaines et des politiques sectorielles. Ils ont poursuivi des démarches très variées, souvent par le

---

[39] Même si les nombreux critères d'appréciation d'une politique agricole dépassent la seule part des dépenses en faveur de l'agriculture dans les dépenses publiques totales (évolution de la balance commerciale, revenus des agriculteurs, niveaux d'investissement...).
[40] NEPAD : Nouveau partenariat pour le développement de l'Afrique.
[41] Le PDDAA devait conduire les pays à consacrer 10 % de leurs dépenses publiques au secteur rural de façon à produire une croissance du PIB agricole de 6 % par an. Il fut surtout l'expression théorique de la réappropriation des politiques agricoles par les États africains même si les financements n'ont pas été à la hauteur des ambitions.

biais de projets isolés ou gérés par des unités spécifiques ou des ONG, principalement internationales. Cela n'a fait qu'aggraver la perte de compétence des acteurs publics locaux africains, tout en répondant assez mal aux réels besoins des populations et sans que cela contribue d'une manière ou d'une autre au renforcement des politiques nationales. L'APD globale a été réduite et sa part agricole s'est effondrée (3 % de l'APD dans les années 2000 au lieu des 16 % dans les années 80), traduisant la montée en puissance des nouvelles thématiques (environnement, lutte contre la pauvreté, lutte contre le changement climatique...).

Par ailleurs, face à l'éparpillement des subventions et à la faible coordination locale, la déclaration de Paris sur l'efficacité de l'aide au développement (OCDE, 2005) a voulu initier un nouveau processus en imposant une meilleure coordination des partenaires, un alignement aux priorités nationales et une meilleure appropriation dans le dialogue politique entre bailleurs de fonds et États bénéficiaires.

C'était une période où les opportunités pour la croissance de l'agriculture africaine étaient nombreuses avec un marché alimentaire africain dynamique en raison de la croissance démographique, de l'urbanisation rapide et des prix à la production plus élevés. Ce fut paradoxalement une période sombre pour le développement agricole en Afrique, car les bailleurs de fonds se sont inscrits de plus en plus dans le court terme, voire la gestion de crise, et les projets publics de long terme qui n'ont jamais fait recette n'arrivaient plus à s'intégrer dans des stratégies prévoyant, par tranche, des extensions géographiques, thématiques ou temporelles indispensables à la réalisation de tels projets[42]. Les besoins considérables en

[42] Les projets « ruraux » apparaissent trop compliqués, trop risqués et trop peu rentables, notamment à la suite de la chute des cours agricoles

matière d'éducation et de santé absorbaient une grande partie de l'offre budgétaire internationale avec des projets de développement intégrés et de gestion globale des territoires ruraux.

La France a dévalué le franc CFA, lâché le secteur agricole et revu sa copie de l'aide publique au développement[43]

Dans ce contexte, le dispositif de coopération français est mis sous tension à la suite de crises (Rwanda en 1994), du discours du Premier ministre Édouard Balladur en 1993 (« doctrine Balladur ») en vue de limiter l'aide française aux pays ayant signé un programme d'ajustement structurel avec les institutions de Bretton Woods et, surtout, de la dévaluation du Franc CFA en 1994.

De plus, la France est conduite à opérer des réductions budgétaires, à réduire ses activités et à contracter ses réseaux mis en place dans les années 80 (création d'Inter Réseaux Développement Rural). Elle a dû s'adapter à un nouvel ordre mondial dans lequel les États Africains, soucieux de diversifier leurs partenariats et de renouveler leurs alliances, souhaitaient être moins liés par leurs attaches historiques.

La perte d'intérêt des bailleurs de fonds et la réforme de l'aide française ont fortement favorisé le désengagement de la coopération française vis-à-vis du secteur agricole. Le double mouvement de diminution des subventions au profit des prêts dans les limites permises par le FMI au titre de la soutenabilité de la dette, d'une part, et d'allocation préférentielle des subventions aux secteurs sociaux, d'autre part, a conduit mécaniquement à financer de plus en plus les projets agricoles

---

mondiaux et de la hausse des coûts de production.

[43] La décision n'était pas que celle de la France : le FMI et les gouvernements des deux zones Francs l'ont approuvée…

par des prêts de moins en moins bonifiés, au lieu des subventions. Le recours aux prêts étaient cependant indispensable pour financer les investissements longs (cinq à huit ans) nécessaires à l'économie agricole. Au-delà du souci d'efficacité en matière de développement, la logique d'équilibre financier a conduit l'AFD à multiplier les prêts lui offrant les meilleures garanties et les plus grandes facilités à décaisser, qu'il s'agisse de prêts souverain [44] pour les investissements collectifs ou non souverains pour les entreprises et les projets privés.

Vers une réforme attendue : « l'aide au développement au service de la diplomatie et la solidarité au service de l'influence »

La situation globale et les interrogations multiples sur le dispositif de coopération ont conduit, en 1998, à une profonde réforme institutionnelle de l'aide française qui allait entrainer la disparition du ministère de la Coopération et la fusion « Coopération-Affaires Etrangères » sensée repositionner « l'aide au développement au service de la diplomatie et la solidarité au service de l'influence »[45].

Cette réforme devait renforcer la visibilité de la coopération française et la perméabilité aux normes et aux idées du régime international de l'aide avec d'importantes répercussions dans le domaine agricole, en cédant notamment l'appui à l'économie et indicateurs macro-économiques au détriment des politiques sectorielles. Le secteur agricole, hormis la formation et la recherche, a été confié à l'AFD[46], placée sous

---

[44] Prêt souverain : prêt contracté ou garanti par un État.

[45] Source : dépliant du ministère des Affaires étrangères.

[46] Il s'agissait de céder à l'AFD la responsabilité de la gestion de l'ensemble de l'aide projet (Assistants techniques, dons et prêts), dans la plupart des secteurs, hors recherche et « gouvernance » (police, justice).

la double tutelle des ministères chargés des affaires étrangères et des finances, mais pas celle du ministère en charge de l'agriculture et de l'alimentation qui n'a pas été associé au pilotage de l'aide au développement dans son domaine de compétence.

Cette réforme s'inscrivait dans une logique d'efficience (un opérateur de l'État pour l'aide projet) et dans une logique budgétaire (réduire le nombre d'assistants techniques résidentiels à la disposition des administrations, souvent en substitution de compétences locales).

Plaidant pour une approche équilibrée, la coopération française a essayé de se positionner sur une voie intermédiaire entre le « tout État » et le « tout marché ». C'était l'occasion pour elle de soutenir son dispositif de recherche appliquée au développement avec le CIRAD et l'IRD et de le faire évoluer selon deux voies fortes, afin de mieux répondre aux besoins de la recherche locale : mettre en place un appareil de recherche de plus en plus multidisciplinaire et susciter des partenariats avec des centres nationaux de recherche agricoles ou des universités nationales.

Deux fois plus de pays bénéficiaires des interventions de l'AFD et un secteur agricole désavantagé par la réforme

Cette réforme a, en partie et dans un premier temps, déstabilisé la cohérence de l'APD française avec une répartition complexe des financements pour les pays en développement, entre les appuis institutionnels du ministère en charge des affaires étrangères (projets du Fonds de Solidarité Prioritaire - FSP- et assistance technique) et les appuis à l'investissement de l'AFD (projets d'infrastructures).

En 2007, l'ensemble du secteur agricole a été transféré à l'AFD qui n'a repris qu'une partie des appuis institutionnels qu'elle ne pouvait financer sur le programme de dons. Les dons attribués par le MEAE à cette occasion étaient sans rapport avec les projets de l'AFD et ne pouvaient à eux seuls accompagner une politique de renforcement du capital humain. De fait, l'appui au secteur agricole a subi une baisse importante passant de 16 % de ses engagements dans les années 1990 à 3 % dans les années 2000[47]. Dans le même temps, l'Union européenne, avec la redéfinition des accords ACP-UE de Cotonou en 2000, parlait désormais de sécurité alimentaire et de nutrition à la place des financements « ruraux ». Dans le même temps, les fonds de stabilisation des filières d'exportation (STABEX) étaient en voie de disparition.

Cela est allé de pair avec l'évolution de la zone d'intervention géographique, qui s'est élargie à 70 pays bénéficiaires en 2000 contre 37 avant la réforme, au détriment des « pays les moins avancés » (PMA) pour lesquels les prêts ne permettaient plus d'intervenir dans le secteur agricole. L'AFD a alors concentré ses interventions dans les pays à revenu intermédiaire sur les filières d'exportation, sur les infrastructures des filières vivrières, notamment dans les pays les moins avancés, et sur les structures productives de grande taille. Cette évolution s'est faite, faute d'outils adaptés, dans un processus de développement agricole organisé selon d'autres modèles. À ce moment-là, les annulations de dette ont permis cependant la mise en place de C2D (Contrat de Désendettement et de Développement) au Cameroun et en Côte d'Ivoire avec des programmes ruraux importants ainsi que la reprise prudente des prêts en faveur du secteur agricole dans certains PMA.

Les actions d'appui institutionnel aux politiques agricoles, historiquement du ressort du défunt ministère de la coopération, ont baissé en devenant parties intégrantes des

[47] Baisse équivalente chez les autres bailleurs de fonds.

projets. L'appui aux infrastructures rurales, comme les périmètres irrigués, les aménagements de bas-fonds ou les pistes rurales, s'est maintenu et l'AFD a réussi à développer un appui à la formulation de politiques, au- delà du financement des infrastructures : irrigation (octroi des terres, maintenance, transfert de gestion aux irrigants), foncier (réforme légale, rôle des collectivités locales), lissage des prix du coton. Mais il était très difficile de financer de l'appui institutionnel et de l'expertise sur prêt, car les gouvernements y étaient réticents. L'appui aux structures régionales telles que l'UEMOA ou la CEDEAO a également baissé, car il nécessitait des subventions, cet appui étant plus naturel pour les bailleurs de fonds multilatéraux davantage aptes à assurer de tels financements (UE, Banque mondiale).

Fragmentation de la coopération française et perte de sa connaissance de terrain

Face aux contraintes économiques et politiques, le modèle français bilatéral s'est progressivement effacé et a évolué en s'hybridant et en combinant des composantes du modèle historique avec d'autres, d'inspiration plus libérale.

Cette période a été marquée par le ralentissement de l'aide aux politiques et aux investissements agricoles. L'absence de « grandes famines » et la baisse de la population en situation d'insécurité alimentaire ont pu entretenir l'illusion que les priorités étaient ailleurs.

La réduction de 80 % des « troupes » de terrain (2 000 assistants techniques en 2005 contre 10 000 en 1980), qui se poursuit encore en 2020 (139 experts techniques résidentiels, mais seulement cinq dans le secteur agricole), a provoqué la perte d'ancrage de notre coopération. Sans nostalgie ni regret, mais avec objectivité, il faut reconnaître que la coopération française est devenue plus théorique, plus bureaucratique et largement « hors sol ». Moins crédible et affaiblie idéologiquement, elle a perdu ses principaux capteurs (volontaires, chercheurs, experts techniques résidentiels) et sa capacité à rassembler et écouter. Les acteurs et les compétences se sont dispersés progressivement dans l'administration, les bureaux d'études, les ONG, le secteur privé et les organisations internationales, sans véritable cohérence. C'est le moment où les bureaux d'études associatifs et les ONG françaises se sont fortement développés et ont contribué à la nouvelle histoire de notre coopération agricole. Le vivier de compétences s'est déplacé en dehors du secteur public et s'est concentré chez certains acteurs (AGRISUD, IRAM, GRET, AVSF, GERES, etc.) en maintenant des interventions d'une certaine ampleur et une capacité de capitalisation ou d'innovations[48].

Les nouveaux paradigmes internationaux sont devenus, à partir des années 2000, les OMD et les biens publics mondiaux. Ils ont nourri la réforme de la coopération à tel point que la direction générale du développement est devenue la direction générale de la mondialisation au ministère en charge des affaires étrangères.

Fort opportunément, après la crise alimentaire de 2007-2008, la période s'est terminée avec la publication en 2008[49] du rapport de la Banque mondiale sur le « développement dans le monde » dédié à l'Agriculture[50]. Ce rapport, qui avait été

---

[48] Le Mémento de l'agronome a été un outil important pour les acteurs de terrain. Le projet de sa réédition a été repris dès 2002 par le GRET, coéditeur) en collaboration étroite avec le CIRAD. Ces organisations ont développé de vraies capacités de transfert vers le Sud en embauchant pour l'essentiel de leurs experts des cadres nationaux.

[49] Après la crise alimentaire qui a débuté en 2007, mais dont la genèse qui a débuté quelques années avant est indépendante de l'augmentation des prix.

[50] L'Agriculture au service du développement, 2008.

encouragé par le Ministre français de l'agriculture de l'époque [51], contribua à remettre la question agricole, largement délaissée au cours des dernières décennies, y compris à la Banque mondiale, au sein des priorités de la coopération internationale.

2009-2020 : L'alignement de la coopération agricole française sur le régime international

Les déclarations volontaristes en faveur de la sécurité alimentaire au niveau international après la crise de 2007-2008 [52], ont débouché sur la mobilisation de moyens en définitive bien inférieurs aux promesses et ont eu du mal à masquer la « fatigue » de l'aide des principaux bailleurs de fonds parce que les résultats attendus n'étaient pas au rendez-vous.

Les bailleurs de fonds bilatéraux ont cédé aux organisations internationales l'essentiel de leurs capacités d'action. L'aide multilatérale est devenue le principal levier d'action au détriment de l'aide bilatérale dans le domaine agricole. Mais qu'il s'agisse de l'aide multilatérale ou bilatérale, l'aide internationale a souvent été confrontée sur le terrain à des politiques agricoles sans véritable leadership ou capacité de mise en œuvre. Hormis certains pays affirmant des politiques plus structurées comme l'Ethiopie ou le Rwanda, par exemple, la plupart des autres pays n'ont pas eu réellement de

---

[51] Hervé Gaymard (2002-2004). Par la suite le MAE a été très actif dans la discussion du rapport et la mobilisation des compétences françaises. Le rapport est présenté à Paris par Michel Barnier (alors ministre de l'Agriculture, 2007-2009) et la BM.

[52] Sommet de l'alimentation à la FAO, déclarations du G8 ou du G20.

politiques agricoles [53] et sont demeurés dépendants des orientations prises par les différents bailleurs de fonds.

La nouvelle mobilisation des dirigeants africains et des bailleurs de fonds

Durant les années 2010, les crises institutionnelles et politiques ont persisté et poursuivi l'affaiblissement des administrations et les fonctions régaliennes des États. La « redécouverte de l'agriculture » par les gouvernements nationaux et leurs partenaires au développement, débutée au début des années 2000, a dû toutefois attendre les années 2010, après la crise alimentaire de 2007-2008, pour que le processus du PDDAA, initié en 2004, renforce les cadres et les mécanismes politiques en rehaussant l'intérêt de l'agriculture et des enjeux agricoles à l'échelle nationale et régionale à la suite de la déclaration de Malabo (2014) de l'Union Africaine qui, elle-même s'inscrivait dans la suite de l'engagement de Maputo en 2003[54]. C'est la période où les communautés économiques régionales, créées progressivement depuis les années 70, ont commencé à monter en puissance, notamment avec la thématique du développement agricole, l'échelon régional étant devenu un élément important pour les échanges et l'harmonisation des politiques agricoles.

---

[53] Prises entre des réalités contradictoires (ajustement structurel, financiarisation de l'aide), des paradigmes non aboutis (transition agro-écologique, agriculture familiale, gestion de terroirs) et des mythes (modernisation, plan d'émergence).

[54] À Maputo, en 2003, les pays africains s'étaient engagés à consacrer au moins 10 % de leur budget national au secteur agricole (agriculture, élevage et pêche).

La « fatigue » de l'aide, la multiplicité des contraintes et des priorités et l'arrivée de nouveaux financeurs

Cette période a été aussi marquée, d'une part, par la « fatigue » de l'aide face à la multiplication des pays entrés en crise et le besoin de relancer les principes de la déclaration de Paris (Busan 2011) et, d'autre part, par les résultats mitigés du libéralisme économique en terre africaine.

Le régime international de l'aide a pris de l'ampleur en ciblant principalement la lutte contre la pauvreté et les inégalités à travers la santé et l'éducation. Dans le même temps, les huit OMD adoptés par les Nations Unies en 2000 se sont transformés en 17 ODD[55] décidés en 2015 et la communauté internationale a accueilli l'arrivée de nouveaux financeurs (BRICS [56] et fondations [57]). La Chine est montée en puissance[58] et est devenue le premier créancier de l'Afrique et l'un des principaux investisseurs en Afrique capable de relancer les échanges et de financer des infrastructures avec des moyens qu'aucun autre bailleur de fonds occidental ne propose.

À cela s'est ajouté un contexte économique et politique de moins en moins lisible avec :

- un bilan mitigé des OMD et du nouveau concept des ODD démultipliant objectifs et résultats attendus par les Nations Unies avec la montée en puissance de la problématique du

[55] ODD : Objectifs de Développement Durable à l'horizon 2030.

[56] BRICS : Brésil, Russie, Inde, Chine, Afrique du Sud.

[57] Par exemple les fondations Bill et Melinda Gates et Rockefeller.

[58] Elle devient le premier créancier de l'Afrique à partir de 2015 et soutient un modèle de financement et de développement qui vient heurter les règles d'or occidentales économiques (capacité d'emprunt, garanties sur les matières premières ou les infrastructures financées) et démocratiques (pas de conditionnalité liée à la gouvernance, promotion d'un modèle libéral à forte croissance économique).

changement climatique et du financement de son adaptation pour laquelle on promet aux PMA un « Fonds vert d'ajustement » de 100 milliards de dollars ;
- la montée de l'insécurité au Sahel liée au renforcement des mouvements islamistes[59] ;
- la multiplication des questions relatives à la sécurité alimentaire, la nutrition et la gestion rationnelle des ressources naturelles dans l'objectif d'une croissance plus inclusive.

La liste des objectifs et des injonctions parfois contradictoires a augmenté au gré des discours et des conférences internationales laissant place à de multiples initiatives peu coordonnées et à des agendas multiples pour les bailleurs de l'aide internationale.

L'agriculture et la sécurité alimentaire au service d'autres priorités

Le réengagement de la Banque mondiale, avec son rapport publié en 2008, mais aussi les crises alimentaires qui se sont succédé dans les années 2008, 2010 et 2011 à la suite de la crise financière mondiale de l'automne 2008, ont influencé l'agenda mondial et se sont traduites dans les instances internationales par la mise en place de nombreuses initiatives [60] institutionnelles ou financières, globales et mutualisées : le Partenariat mondial pour l'agriculture et la sécurité alimentaire (GPAFS) en 2009, le Programme mondial pour l'agriculture et la sécurité alimentaire (GAFSP) en 2010, le Fonds vert pour la lutte contre le changement climatique en (2011), la Nouvelle alliance pour la sécurité

[59] AQMI : Al-Qaïda au Maghreb Islamique ; Boko Haram : Groupe sunnite pour la prédication et le djihad.
[60] Elles sont politiques, à géométrie variable et font suite au sommet mondial de l'Alimentation organisé par la FAO en 2008, aux diverses rencontres du G7, du G8 et du G20 portant sur la sécurité alimentaire, à la COP 21 de 2015 et au sommet UE-Afrique de 2017.

alimentaire en Afrique (NASAN) en 2012, le Fonds européen de développement durable en 2017, l'Alliance Sahel destinée à mieux articuler les problématiques de sécurité avec le développement en 2017.

Cette liste non exhaustive répondait à différentes finalités. Elles avaient toutes un volet agricole. Officiellement, ces initiatives étaient fondées sur un meilleur équilibre entre État et marché, un bénéfice mutuel et une responsabilité mieux partagés, une coopération d'égal à égal dans une logique de réciprocité et la volonté de mettre autour de la table l'ensemble des acteurs.

Ces initiatives étaient censées correspondre à la promotion d'un développement plus équilibré et plus respectueux des besoins des partenaires africains, mais ne laissaient pas encore assez de temps et de liberté aux acteurs locaux pour les rendre co-concepteurs de projets réellement appropriés, hormis quelques exceptions avec la société civile ou le secteur privé.

Le développement agricole y était désormais perçu comme un moyen et non une fin pour satisfaire aux ODD et aux problèmes croissants de pauvreté et d'insécurité alimentaire. L'agriculture a dû intégrer les enjeux économiques (production, transformation, organisation des filières, place dans l'économie, création d'emplois), environnementaux (pollution, ressources naturelles, changement climatique, biodiversité), sociaux (niveau et stabilité des revenus, bien-être, sécurité alimentaire, décence du travail, pauvreté, genre…), géographiques (aménagement du territoire, arbitrage dans l'utilisation des terres, articulation rural-urbain) et sécuritaires (conflits agriculture-élevage…).

Une tentative d'infléchissement de la France dans le multilatéralisme

La France n'a pu rester étrangère à ces initiatives. Elle a dû, au contraire, en être partie prenante, aussi active que possible selon ses moyens. C'est ce qu'elle a fait en rééquilibrant ses financements multilatéraux et bilatéraux (CICID de 2018) et en gardant comme priorité dans les textes la sécurité alimentaire (stratégie nationale 2019-2024 relative à la sécurité alimentaire, la nutrition et l'agriculture durable).

Pour lutter contre la « fatigue » de l'aide, les 3 principes suivants ont été désormais partagés par la communauté internationale : définir des objectifs communs et ciblés afin d'améliorer les conditions de vie des populations les plus vulnérables, trouver des méthodes innovantes de coopération et mettre en place un système de redevabilité des bailleurs de fonds.

À la fin des années 2000, la coopération agricole française était naturellement devenue plus difficile à lire et à faire exister. Elle était incluse dans les grandes thématiques promues par la coopération internationale multilatérale et devait répondre aux enjeux d'une croissance économique durable en répondant mieux aux besoins de nos partenaires locaux et à la jeunesse.

Au niveau européen, la lutte contre l'immigration irrégulière s'est également imposée dans l'aide au développement et en a accaparé une partie des crédits.

L'approche agricole sectorielle historique s'est donc trouvée amoindrie, fondue dans une multitude d'actions et portée par divers acteurs français qui n'appartenaient plus forcément à une même famille et n'obéissaient plus aux mêmes objectifs, aux mêmes financements et aux mêmes tutelles.

La présence de deux stratégies nationales, avec d'une part celle du ministère en charge de l'agriculture (« Stratégie internationale 2017-2022) qui n'est membre ni du CICID ni du Conseil d'administration de l'AFD et, d'autre part, celle du ministère en charge des affaires étrangères (Stratégie internationale de la France pour la sécurité alimentaire, la nutrition et l'agriculture durable 2019-2024) illustre aujourd'hui, en partie, la complexité dans la mise en œuvre des actions, même si leur complémentarité est évidemment défendue. L'absence de ministre en charge du développement depuis 2017 (première fois depuis le début de la Vème République) n'a pas facilité la cohérence et la visibilité des actions.

Une stratégie agricole redéfinie au cœur des priorités multisectorielles

La dernière période, entre 2009 et aujourd'hui, s'est toutefois distinguée par des initiatives qui ont eu un impact sur la politique française en matière de coopération dans le secteur agricole. C'est notamment le cas lors du sommet mondial de l'alimentation organisé par la FAO en 2008, par le plan d'orientation stratégique 2013-2016 de l'AFD et par les orientations des CICID de juillet 2013 et février 2018 reprises dans la loi d'orientation et de programmation relative à la politique de développement et de solidarité internationale débattue en 2021.

En juin 2008, au sommet de la FAO sur la sécurité alimentaire mondiale, la France a lancé l'idée d'un nouveau Partenariat mondial pour l'agriculture et la sécurité alimentaire (GPAFS), composé de trois piliers :

- Le renforcement de la coopération internationale et l'ouverture du CSA[61] à la société civile et au secteur privé ;
- La création d'un groupe international de scientifiques sur la sécurité alimentaire chargé de faire le lien entre recherche et politique, ayant débouché en 2009 sur un groupe d'expert de haut niveau[62] ;
- L'augmentation de l'APD destinée à l'agriculture au moment où le G7 s'était engagé au sommet de l'Aquila en 2009 à mobiliser 22 Mds € en faveur de l'agriculture en Afrique[63].

Le nouveau cadre d'intervention sectoriel[64] (CIS) 2013-2016 de l'AFD, consacré à la sécurité alimentaire en Afrique subsaharienne, a redéfini les priorités de l'aide agricole française, proposant le doublement de l'aide au développement rural et à la sécurité alimentaire, avec 1 milliard d'euros entre 2009 et 2012. Trois axes d'intervention ont été mis en avant :

- L'évolution durable des exploitations agricoles et des filières agricoles et alimentaires ;
- L'amélioration des politiques publiques agricoles, de sécurité alimentaire et nutritionnelle et d'aménagement du territoire, en renforçant les capacités des acteurs publics et des associations professionnelles ;

---

[61] Comité de la sécurité alimentaire mondiale (créé en 1974 et réformé en 2009).
[62] *High Level Panel of Experts on Food Security and Nutrition* (HLPE) ou Groupe d'experts de haut niveau sur la sécurité alimentaire et la nutrition (GrEHN-SAN).
[63] Engagement tenu in fine pour moitié.
[64] Ce cadre a permis d'articuler les différentes dimensions des agricultures africaines (démographie, climat, biodiversité, emploi, itinéraires techniques, etc.) afin de contribuer à la croissance durable de filières agricoles, alimentaires comme non alimentaires, reposant sur des exploitations agricoles familiales et des entreprises.

- L'amélioration de la gouvernance des collectivités rurales, l'équipement et le désenclavement des territoires ruraux.

Les décisions des CICID du 31 juillet 2013 et du 18 février 2018 ont par ailleurs réaffirmé le soutien aux agriculteurs dans les pays du Sud, notamment au Sahel, comme levier essentiel de la lutte contre l'insécurité alimentaire et la pauvreté. Le développement agricole inclusif, l'agriculture familiale et l'intensification agro-écologique y ont été explicitement mentionnés comme producteurs de richesse et d'emplois, respectueux des écosystèmes. Les initiatives proposées ont porté alors sur l'adoption de politiques agricoles, le renforcement de l'intégration régionale, la structuration des marchés agricoles, des approches territoriales et de filières, l'appui aux organisations paysannes et la sécurisation du foncier.

La loi d'orientation et de programmation relative à la politique de développement et de solidarité internationale de 2014 et les conclusions des CICID 2013 et 2018 ont cadré les priorités sectorielles, les objectifs de la politique française de développement et les moyens alloués. L'agriculture et la sécurité alimentaire et nutritionnelle ont été retenues comme « secondes priorités », bien après la santé et l'éducation, en s'inscrivant toutefois dans une dynamique croissante d'intervention de la France au plan bi et multilatéral en concentrant ses moyens sur des priorités géographiques comme le Sahel.

La difficulté majeure résidait toujours dans la capacité à mettre en cohérence et à coordonner l'ensemble des acteurs publics et privés français concourant à l'aide au développement dans le domaine de la sécurité alimentaire, que ce soit sur certaines thématiques (climat, biodiversité), sur certaines activités (recherche, enseignement technique et supérieur) ou avec certains acteurs (ONG, collectivités locales, secteur privé). La coordination globale thématique a disparu et s'illustre désormais soit par des réunions ad hoc soit par des regroupements (groupe initiative) et le déliement progressif des liens institutionnels entre les structures (tutelle, pilotage, coordination) et les flux financiers.

La France a profité, en prenant la présidence du G20 en 2011, de la montée en puissance de l'idée de régulation pour avancer ses propositions sur la gestion des stocks alimentaires et des marchés agricoles dans le prolongement du travail de coordination des politiques économiques et de régulation financière qu'elle avait entamées depuis 2008.

La NASAN[65], lancée par le président américain Barack Obama lors du G8 de 2012, a donné au secteur privé un rôle incontournable, notamment par le truchement de partenariats public-privé. La France l'a d'abord adoptée[66] puis la volonté de porter l'APD sur les populations les plus vulnérables et sur la lutte contre les inégalités lui a fait prendre ses distances, mais rendu sa position confuse, car elle n'a pas renié non plus le rôle majeur du secteur privé[67].

Le rapport « *Un partenariat pour l'avenir : 15 propositions pour une nouvelle dynamique économique entre l'Afrique et la France* » remis au ministre de l'Économie par Hubert Védrine en 2014 et celui d'Hervé Gaymard en avril 2019 pour

---

[65] Nouvelle alliance pour la sécurité alimentaire et nutritionnelle en Afrique.

[66] Bien que critiquée par une partie de sa société civile qui y a vu le retour de l'aide liée et le soutien au secteur privé, au détriment des populations vulnérables.

[67] Pascal Canfin (ministre délégué au développement) 2013.

relancer la présence économique française en Afrique [68] plaidaient tous les deux pour une approche considérant l'agriculture comme l'un des secteurs clés de croissance africaine. Ils incitaient à construire des partenariats industriels et proposaient que l'agriculture porte une double ambition (élément central d'une plus grande sécurité alimentaire et levier du décollage économique du continent) conditionnée par une approche collective et complémentaire des acteurs français.

Dans le même temps, ces dernières années, les réflexions sur l'agriculture en Afrique ont progressé, sous l'égide de l'Union Africaine dans le cadre de politique agricole « post Maputo et post Malabo »[69]. Mais comme le montre très bien l'examen biennal fait dans le rapport 2019 d'évolution de la Déclaration de Malabo, la réalité n'a pas vraiment suivi les engagements politiques. Très peu d'États ont réussi à respecter les sept engagements complexes et ambitieux de Malabo[70] et mis en place un programme national d'investissement agricole (PNIA). Seuls quelques États, dont le Ghana, le Rwanda, le Maroc et le Mali, sont considérés dans la bonne voie indiquée par la déclaration et ont des chances de mettre en œuvre leurs sept engagements d'ici 2025.

---

[68] « Relancer la présence économique française en Afrique : l'urgence d'une ambition collective à long terme » avril 2019.

[69] Voir le dernier rapport de l'Union Africaine de février 2019 sur la réalisation des objectifs de Malabo.

[70] Engagements de Malabo : (1) Nouvel engagement envers les principes du PDDAA, (2) Renforcement des financements des investissements agricoles, (3) Eradication de la faim d'ici 2025, (4) Réduire de moitié la pauvreté grâce à l'agriculture d'ici 2025, (5) Stimuler le commerce intra-africain des produits de base et des services agricoles, (6) Renforcer la résilience à la variabilité climatique, (7) Renforcer la responsabilité mutuelle sur les actions et les résultats.

Même si la croissance et la transformation agricole sont désormais devenues des objectifs prioritaires de tous les États africains, bien peu ont travaillé sur l'autonomisation des femmes ou même le renforcement de la résilience au changement climatique des systèmes alimentaires et sont capables, à ce jour, d'indiquer des efforts substantiels en terme d'investissement agricole. Mais au regard des engagements de Malabo, les progrès techniques et ceux réalisés en matière de gouvernance paraissent déterminants dans les évolutions agricoles les plus significatives[71].
Enfin, depuis les années 2010, le ministère en charge de l'agriculture et de l'alimentation a, de fait, modifié sa stratégie en concentrant son action sur les politiques commerciales et économiques davantage que sur l'appui aux politiques agricoles des pays en développement.

L'évolution de la place de France dans les politiques africaines est la résultante de faits et évènements historiques qui se sont succédé comme le montrent les frises historiques en annexe et qui ont conduit à l'aide au développement actuelle, mue principalement par des principes libéraux qui souvent empêchent la réflexion sur la mise en place d'autres modèles.

[71] D'après les travaux en cours des fondations AVRIL et FARM.

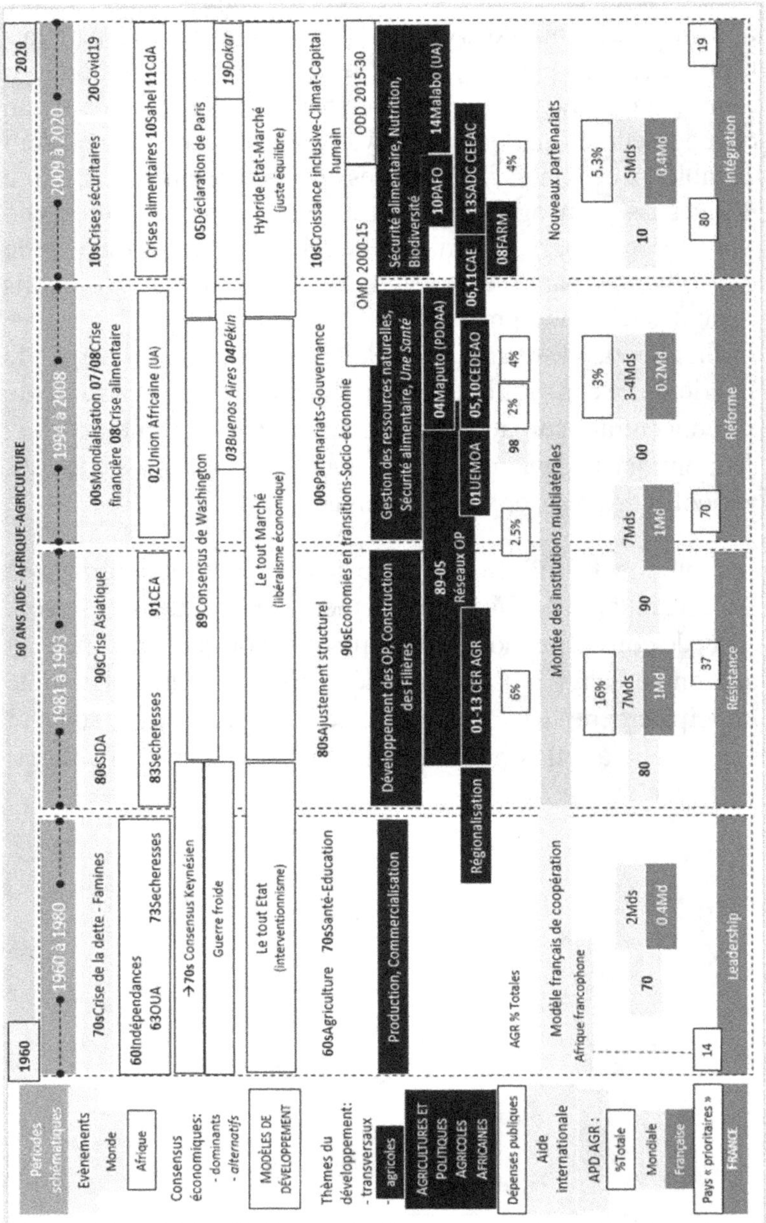
60 ANS AIDE- AFRIQUE-AGRICULTURE
1960
2020
Périodes schématiques
1960 à 1980
1981 à 1993
1994 à 2008
2009 à 2020
Evènements
Monde
Afrique
70sCrise de la dette - Famines
80sSIDA
90sCrise Asiatique
00sMondialisation 07/08Crise financière 08Crise alimentaire
10sCrises sécuritaires
20Covid19
60Indépendances 63OUA
73Secheresses
83Secheresses
91CEA
02Union Africaine (UA)
Crises alimentaires 10Sahel 11CdA
Consensus économiques:
- dominants
- alternatifs
→70s Consensus Keynésien
Guerre froide
89Consensus de Washington
03Buenos Aires 04Pékin
05Déclaration de Paris
19Dakar
MODÈLES DE DÉVELOPPEMENT
Le tout Etat (interventionnisme)
Le tout Marché (libéralisme économique)
Hybride Etat-Marché (juste équilibre)
Thèmes du développement:
- transversaux
- agricoles
60sAgriculture 70sSanté-Education
80sAjustement structurel
90sEconomies en transitions-Socio-économie
00sPartenariats-Gouvernance
10sCroissance inclusive-Climat-Capital humain
OMD 2000-15
ODD 2015-30
AGRICULTURES ET POLITIQUES AGRICOLES AFRICAINES
Production, Commercialisation
Développement des OP, Construction des Filières
Gestion des ressources naturelles, Sécurité alimentaire, Une Santé
Sécurité alimentaire, Nutrition, Biodiversité
Régionalisation
01-13 CER AGR
89-05 Réseaux OP
01UEMOA
05,10CEDEAO
04Maputo (PDDAA)
06,11CAE
08FARM
10PAFO
14Malabo (UA)
13SADC CEEAC
Dépenses publiques
AGR % Totales
6%
2.5%
98
2%
4%
4%
Aide internationale
Modèle français de coopération
Afrique francophone
Montée des institutions multilatérales
Nouveaux partenariats
APD AGR :
%Totale
16%
3%
5.3%
Mondiale
70
2Mds
80
7Mds
90
7Mds
00
3-4Mds
10
5Mds
Française
0.4Md
1Md
1Md
0.2Md
0.4Md
Pays « prioritaires »
14
37
70
80
19
FRANCE
Leadership
Résistance
Réforme
Intégration

Notice de lecture de la frise historique relative à l'histoire de la coopération française agricole internationale

1) L'histoire récente (1960-2020) de la coopération agricole française a été influencée par quatre périodes fortement marquées par la conjonction d'évènements mondiaux et africains
2) L'évolution forte des modèles économiques (du tout Etat au tout Marché) a fortement influencé les modèles de développement
3) L'agriculture, qui a été un thème central du développement dans les années 60, s'est peu à peu diluée dans des préoccupations de plus en plus transversales (macroéconomie, gouvernance, partenariats…) et globales (climat, biodiversité, sécurité alimentaire et alimentation…)
4) À l'opposé du modèle européen, les politiques agricoles africaines ont d'abord pris une tournure régionale (années 2000) avant de commencer à évoquer des objectifs de souveraineté et de sécurité alimentaire nationale
5) Les dépenses publiques agricoles nationales, malgré les déclarations de Maputo et Malabo, n'ont fait que décroitre au cours des 60 dernières années au même titre que l'aide publique agricole au développement, notamment française
6) Le modèle français, fortement présent et influant dans les années 60, s'est trouvé progressivement masqué par les institutions multilatérales puis par certains nouveaux partenaires bilatéraux comme la Chine et les BRICS en général et les fondations.
7) La France a adapté son dispositif en diminuant sa présence (moins d'Assistants Techniques) et ses financements au moment où elle multipliait ses pays bénéficiaires.
8) D'une phase de leadership caractérisée par une forte présence humaine et financière et par une influence marquée dans les années 60-80, la coopération française dans le secteur agricole et alimentaire a dû résister aux changements de paradigmes économiques des années 80-90, se réformer profondément dans les années 2000-2010 et s'intégrer dans un contexte international de plus en plus marqué par la gestion des biens publics mondiaux.

Deuxième partie

Manque de lisibilité et marginalisation des questions agricoles au sein du dispositif français d'aide au développement

« Quand on coupe les oreilles, le cou devrait s'inquiéter »

Proverbe africain

Evaluer le rôle et la place de la France dans les politiques agricoles en Afrique aujourd'hui est un exercice délicat. L'action publique pour l'agriculture et l'alimentation en Afrique a été profondément modifiée et s'est fortement complexifiée du fait de la multiplication des acteurs (publics, privés ou associatifs, nationaux et internationaux), des nombreux niveaux d'intervention (local, infranational, national, supranational) et de la diversité des objectifs assignés dans tous les secteurs (environnementaux, économiques et sociaux).

Dans ce contexte, l'action de la France en faveur des politiques agricoles en Afrique recouvre désormais un grand éventail d'interventions, mais sans réelle cohérence ni pilotage.

La part croissante de prêts dans l'aide au développement est le résultat d'une « financiarisation » de l'aide au cours des dernières décennies. S'y sont ajoutées, les nombreuses injonctions, souvent perçues comme contradictoires par les acteurs et les bénéficiaires.

Au total, nous avons assisté à une réduction de la crédibilité et de la visibilité de l'accompagnement français en matière de soutien aux politiques agricoles en Afrique.

Le rôle actuel de la France dans les politiques agricoles en Afrique est difficile à apprécier

Le rôle de la France dans l'accompagnement des politiques agricoles africaines est si divers et dispersé qu'il n'a jamais vraiment été évalué dans sa globalité. En 60 ans de coopération, l'exercice n'a été mené que de manière partielle, au plan thématique ou géographique et en fonction des circonstances. L'exercice a aussi été rendu plus difficile avec le temps, car, depuis 20 ans, les politiques agricoles constituent un moyen plus qu'un objet au service d'enjeux globaux. Les témoignages et la vision des acteurs du nord illustrent souvent l'écart croissant entre leur perception de l'Afrique et la réalité de l'évolution des pays africains.

Les politiques agricoles en Afrique : de quoi s'agit-il ?

Par politique agricole on entend l'élaboration, la mise en œuvre et l'évaluation des politiques agricoles (les normes, la fiscalité, les investissements dans les infrastructures, le fonctionnement, les aides aux exploitations) avec une définition large de l'agriculture incluant les cultures, l'élevage, la forêt, la pêche, l'alimentation et le développement rural.

- La faiblesse des administrations agricoles :

Dans les années 2000, les effets des ajustements structurels, la meilleure prise en compte des enjeux de santé et d'éducation et du besoin de reconstruire les administrations sur leurs fonctions régaliennes ont laissé place en Afrique à des ministères de l'agriculture faibles et sans réel pouvoir face aux ministères du Plan, de l'Économie, des Finances ou du Commerce. Une très faible vision politique, l'absence de perception de l'intérêt des filières et des organisations professionnelles, le manque de soutien à la transformation et au crédit sont des caractéristiques communes des administrations actuelles de l'agriculture, faibles en ressources humaines et parfois en compétences adaptées aux enjeux.

Encore aujourd'hui, c'est une des raisons qui a conduit à la réduction des financements publics internationaux, mais également des financements nationaux en faveur de l'agriculture qui ont été et restent très inférieurs à ceux promus par la déclaration de Maputo en 2003 (repris lors du sommet de Malabo en 2014) qui prévoyait que les États africains consacrent au moins 10 % de leurs dépenses publiques au secteur agricole[72].

- L'influence des débats internationaux :

Pour les bailleurs de fonds internationaux, l'aide à l'agriculture est désormais d'abord un moyen au service d'enjeux climatiques et environnementaux, voire sécuritaires,

[72] Cet objectif pouvait permettre aux États de reprendre la maîtrise de leur politique agricole en réduisant leur dépendance aux financements extérieurs dans ce domaine.

portés au niveau international. La question de la sécurité alimentaire est, de fait, moins prioritaire.

Dans ce contexte, les approches traditionnelles des politiques agricoles se sont diluées dans de nouvelles démarches issues des débats internationaux parfois assez éloignées des réalités locales, même si elles ont pu permettre dans certains cas de mieux concilier développement durable, commerce et implication du secteur privé.

Certes la pandémie de la Covid-19 a remis en avant la question de la souveraineté alimentaire, y compris en Afrique, mais il reste à montrer que cette problématique, comme celle des nouveaux enjeux globaux, seront pris en compte dans l'appui que pourront apporter les pays développés à l'Afrique sur la question agricole et alimentaire.

- Le rôle des projets et programmes d'investissement :

Faute de stratégies et de politiques agricoles de long terme, la mise en place de nombreux programmes agricoles s'est souvent faite sans grande cohérence et durabilité, que ce soit au plan national ou régional. Cette réalité a été la cause de frustrations et de rancœurs en raison de l'insuffisance d'emplois ou de ressources économiques créées au plan local.

Par ailleurs, dans certaines zones, comme au Sahel actuellement, les projets agricoles y sont pour la plupart bloqués en raison de l'insécurité qui s'y développe.

Malgré les évolutions évoquées dans la première partie de ce livre et les enjeux de souveraineté alimentaire rappelés lors de la crise de 2008 ou actuellement en cette période de pandémie, le secteur agricole a perdu sa prééminence dans les politiques publiques en Afrique. Par la perte de compétences dans de nombreuses administrations à la suite des « ajustements structurels », les bailleurs de fonds ont souvent remplacé ce que pourraient être des politiques agricoles nationales, inscrites dans des politiques macro-économiques et sociales nationales, par des projets et des programmes agricoles d'investissement qui se sont empilés, avec des résultats de long terme rarement évalués[73]. Certes, la production agricole a considérablement augmenté en Afrique ces trente dernières années, mais moins vite que la croissance des besoins alimentaires et, de fait, le nombre de personnes mal nourris n'a pas diminué.

C'est au début des années 2000, comme nous l'avons vu, à la suite du Sommet mondial de l'alimentation de la FAO en 1996 que, sous l'impulsion de l'Union Africaine, vont réapparaitre plus concrètement les notions de souveraineté alimentaire et de politiques agricoles, avec le PDDAA et ses déclinaisons géographiques.

Même si ces programmes d'investissement n'étaient pas vraiment ancrés sur des politiques agricoles, ils ont été l'occasion de mener conjointement un processus participatif d'analyse du secteur et d'élaboration de stratégies et de plans d'action. Ils contenaient, en général, une composante d'accompagnement des investissements et des activités de renforcement des capacités des ministères sectoriels. Mais la difficulté résidait surtout dans la faiblesse de la coordination des bailleurs de fonds en raison de la diversité de leurs logiques et de leurs procédures parfois incompatibles. De fait, ces programmes d'investissement agricole ne correspondaient que rarement à la mise en œuvre de véritables politiques

---

[73] Malgré les efforts des projets à prendre en compte les résultats à court et moyen terme et les leçons apprises des projets antérieurs, l'analyse des impacts (effets à plus long terme) reste un exercice difficile.

agricoles s'inscrivant dans les cadres macro-économiques des pays[74].

De multiples acteurs français aux regards divergents et parfois loin des réalités...

- Des acteurs français dispersés...

Au sein de la constellation de la coopération internationale française, évoluant elle-même dans une galaxie d'intervenants mondiaux publics, privés, bilatéraux ou multilatéraux, la multiplicité et la diversité des acteurs représentent une force encore significative en Afrique (AFD, Centres de recherche, ONG, bureaux d'études, entreprises...). C'est le fruit de l'essaimage des nombreux agents issus de la coopération française historique, mais également de partenariats divers multilatéraux et bilatéraux où acteurs publics et privés coopèrent plus ou moins.

Mais ce dispositif est composé de nombreuses individualités qui travaillent souvent dans des sphères différentes sans mettre en synergie leurs forces autour d'une vision claire et d'objectifs partagés. Les postures défendues et le manque de collaboration entraînent des regards et des effets divergents, parfois exclusifs, et des incompréhensions et des questionnements de la part de nos partenaires africains qui ne

[74] Cas des politiques fiscales, car les investissements sont inutiles et inefficaces si le prix des produits agricoles locaux est moins attractif que celui des produits importés, des politiques de formation, car le nombre de techniciens agricoles formés est très faible ou enfin des politiques foncières pour comprendre que l'activité agricole s'inscrit dans des politiques agricoles, elles-mêmes partie de nombreuses autres politiques, économiques, sociales ou commerciales et donc fondées en priorité sur le respect des accords commerciaux, la faiblesse des taxes à l'importation, la gestion des territoires ou la mise en place de filets sociaux de sécurité pour les plus pauvres.

peuvent que constater les contradictions idéologiques de certains acteurs français.

En même temps, on assiste à la fonte rapide du potentiel humain de la coopération agricole traditionnelle avec la disparition des présences sur le terrain, qu'il s'agisse de l'assistance technique, de la recherche ou du volontariat. … de plus en plus concurrents et méfiants entre eux...

Les acteurs publics et privés, y compris les ONG, souvent fortement impliqués dans leurs projets, peinent parfois à prendre du recul[75], notamment sur la relativité de leur place dans le dispositif de coopération, et à s'ouvrir aux réalités du développement. Ils sont concentrés sur leur recherche de financements publics français, de manière souvent isolée, concurrentielle et très fréquemment sans imaginer être de taille à recourir à d'autres fonds internationaux plus importants.

... et dans un dispositif jamais évalué dans sa globalité à ce jour

Plutôt qu'une juste évaluation de cette coopération agricole et de ses résultats en Afrique, on préfère aujourd'hui mesurer les performances commerciales et normatives, compter les

[75] À tire d'exemple, en 2018, à l'occasion d'un jumelage destiné à renforcer le ministère tunisien de l'Agriculture (Cartographie des projets et programmes du MARHP conduits avec des partenaires extérieurs sur la période 2016-2020), une cartographie des soutiens étrangers au Ministère de l'agriculture tunisien a été réalisée avec sa participation. Le résultat s'est avéré assez surprenant tant les acteurs français soulignaient leur part déterminante au budget du ministère et leur forte influence auprès du Ministère tunisien de l'agriculture et de leur capacité à orienter la politique agricole tunisien alors que la réalité est toute autre.

publications des chercheurs dans les revues à comité de lecture, mesurer les décaissements de l'AFD. Mais pour quels résultats ?

Il n'existe pas d'évaluation du rôle qu'a pu avoir la France dans la définition ou la mise en œuvre des politiques agricoles en Afrique ni d'enquêtes sur la satisfaction auprès de nos partenaires africains concernant le rôle qu'a joué la France dans le secteur alimentaire et agricole. La liste des évaluations réalisées par le ministère de la Coopération puis par le ministère en charge des affaires étrangères de 1989 à 2020 illustre la grande faiblesse de ces évaluations qui ont très souvent concerné une géographie particulière (pays, région), des thématiques très diverses, sous sectorielles (élevage, santé animale…) ou certaines organisations (FIDA[76]).

Face à la complexité des politiques agricoles en Afrique, avec 54 pays menant des programmes très divers, il est de plus en plus difficile de cerner, en particulier, l'action du ministère français en charge de l'agriculture sur ce continent. En effet, cette action s'inscrit dans un ensemble bien plus global qui implique d'autres départements ministériels, qui sont davantage engagés que lui et qui possèdent chacun leurs propres stratégies et leurs outils (fonds dédiés et ressources humaines), et des acteurs publics et privés nombreux qui contribuent aux interventions dans ce secteur[77].

---

[76] « Évaluation prospective du partenariat de la France avec le FIDA », Direction générale du Trésor, ministère de l'Économie et des Finances, 2017.

[77] La question des entreprises privées n'a que très peu été abordée dans ce rapport (voir aussi « Relancer la présence économique française en Afrique : l'urgence d'une ambition collective à long terme » par Hervé Gaymard, 2019).

L'intervention française en faveur des politiques agricoles en Afrique : manque de coordination et de cohésion

Au-delà de la multiplicité des intervenants internationaux, la coopération française en faveur des politiques agricoles en Afrique s'est fragmentée en raison d'une insuffisance de coordination entre les acteurs français face à la multiplication des enceintes de débats et des initiatives et orientations foisonnantes, que ce soit au niveau national ou international.

Cette insuffisance de coordination apparait de plus en plus évidente et la perte de substance technique de nombreux débats fait aussi le lit d'une action peu lisible. Quand elle est mieux perçue, sa pertinence est aussi questionnée par certains acteurs ou observateurs français et africains. Cela peut s'expliquer par l'absence de vision et de doctrine claire de la part des tutelles politiques à cause des injonctions contradictoires qui affaiblissent la crédibilité des discours et des interventions et par le défaut croissant de connaissance des réalités africaines.

Dans le cas du secteur alimentaire et agricole, la séparation entre la tutelle, porteuse des politiques, et les agences de mise en œuvre a contribué à la perte de lisibilité, de visibilité et d'efficacité par la dispersion des acteurs et l'absence d'une vision partagée. Ce secteur ne fait plus partie des enjeux prioritaires au sein des relations entre la France et l'Afrique en dehors d'effets d'annonce de quelques sommets, y compris les plus récents, bien éloignés des réalités du terrain.

Un nombre croissant d'acteurs, d'enceintes et d'initiatives

Les questions agricoles sont abordées et traitées dans des enceintes de plus en plus nombreuses en France, dans le monde et en Afrique.

Ces enceintes multiformes, plus ou moins formelles et se réunissant avec des mandats divers, plus ou moins explicites, sont autant de prismes d'analyse avec chacune sa logique, son autorité réelle ou supposée, ses modes de représentation, ses modes de fonctionnement, de prise de décision ou d'élaboration de consensus.

Selon les thématiques, qu'il s'agisse du climat, de la biodiversité, de la nutrition ou de l'agriculture, les acteurs publics et privés sont également plus nombreux. Cela rend le consensus de plus en plus difficile au sein de ces enceintes qui n'échappent pas aux logiques d'influence où les représentants africains ne sont pas en position de force dans les négociations.

Les acteurs se regroupent par connivence d'intérêt au sein d'alliances, de plateformes, d'ententes ; autant d'initiatives variées illustrant par leur foisonnement la vigueur démocratique et intellectuelle, mais posant question quand il s'agit de trouver une cohérence, un fondement, une maîtrise réelle et une efficacité au-delà de discours volontaristes et des agendas débridés, loin souvent des préoccupations locales, des réalités économiques, sociales ou agronomiques et des enjeux territoriaux.

Aujourd'hui, le foisonnement des « évènements » nationaux et internationaux conduit à chaque fois à inventer un nouveau « coup » accompagné de décisions politiques, souvent de court terme, dont parfois l'annonce parait suffire tant leur suivi et leur évaluation mobilisent peu par manque d'intérêt, manque de moyens financiers ou de ressources humaines.

Ces initiatives à géométrie et à statut variables ont pour effet de diviser, cloisonner et créer des illusions financières[78]. Elles peuvent être déstabilisantes, mobiliser beaucoup d'énergie et reposer sur des dispositifs, en définitive, sans réelle utilité au-delà de la collecte de données dont la justesse peut être débattue [79]. Elles compliquent les débats et les voies d'intervention.

La multiplication des enceintes, des initiatives et des plateformes est perçue, in fine, comme un excellent moyen politique de passer de l'une à l'autre, de proposer des engagements de plus en plus difficiles à tenir et de fragmenter le débat politique, quitte à le délégitimer[80].

À l'inverse, un certain nombre d'initiatives, appuyées par des fonds fiduciaires, ont pu générer des programmes mondiaux (comme le GPAI[81] et sa Facilité financière AHIF[82] auxquels la France a largement participé sous plusieurs formes, ou le GAFSP[83] duquel la France est étonnamment absente) qui se sont traduits par des investissements importants avec des résultats mesurables dans les pays récipiendaires. La France choisit-elle bien ses participations et ses contributions ? Les

---

[78] Par exemple avec l'alliance pour la sécurité alimentaire et nutritionnelle en Afrique, créée en 2012 et dont la France s'est retirée en 2018.

[79] Voir le dispositif AMIS qui, collecte des données et les commente, mais est sans réel effet sur la prévention et la gestion des crises.

[80] Il est intéressant de noter la multitude de réunions internationales et les annonces correspondantes reconnaissant tel ou tel thème comme un bien public mondial : les services vétérinaires, l'eau, l 'alimentation…

[81] *Global Program for Avian Influenza (GPAI) Control and Human Pandemic Preparedness and Response.*

[82] *Avian and Human Influenza Facility.*

[83] Programme mondial pour l'agriculture et la sécurité alimentaire ou *Global Agriculture and Food Security Program* (GAFSP).

relie-t-elle avec ses actions en cours, ses financements bi et multilatéraux ? Ne vend-elle pas plusieurs fois les mêmes financements ? En définitive, la différence entre le temps de la coopération technique et celui de l'accélération des initiatives politiques et diplomatiques interroge de plus en plus sur la crédibilité de cette coopération technique.

Un manque de cohésion des acteurs et des actions

Comme indiqué précédemment, les acteurs français travaillant peu ou prou dans le domaine de la coopération agricole en Afrique sont nombreux, en concurrence sur des marchés publics d'appels d'offres (AFD, UE, BM...) quand leur « surface » le permet ou en se regroupant, le cas échéant, sur des thématiques spécifiques.

La difficulté essentielle porte sur la visibilité et l'effet d'échelle de l'ensemble de ces opérateurs : hormis quelques-uns (AFD, CIRAD) connus et référencés par les organisations internationales comme la Banque mondiale, l'Union Européenne, la Banque Africaine de Développement, la FAO ou le FIDA, les acteurs français sont assez petits et travaillent dans des géographies ou sur des thématiques restreintes, à l'image, par exemple, des structures propres du ministère en charge de l'agriculture (FAM/ADECIA et ENSV/FVI) qui n'ont pas de visibilité pour les pouvoirs publics africains ou les grands bailleurs de fonds internationaux.

Les entreprises françaises font généralement leur chemin à part et certaines, très implantées en Afrique, y mènent une coopération d'envergure. Elles se sentent néanmoins assez isolées et peinent à trouver leur place dans le concert d'acteurs français, faute de vision de long terme, de confiance et d'un accompagnement qui prenne en compte leurs réalités[84]. Aujourd'hui encore, la réalité montre que les entreprises françaises sont souvent peu présentes et trop peu impliquées dans la transformation agricole en Afrique sub-sahariennes. Timides, pas suffisamment accompagnées, frileuses dans des contextes politiques parfois fragiles, elles hésitent à investir seules, à l'image de ce qui se passe dans la filière « noix de cajou » en Côte d'Ivoire.

Cette faiblesse de la cohésion des acteurs s'illustre de plusieurs manières.

- L'existence de deux stratégies ministérielles qui portent sur la sécurité alimentaire et les politiques agricoles, notamment en Afrique, celle du ministère en charge des affaires étrangères et celle du ministère en charge de l'agriculture, est révélatrice.

Chaque ministère considère sa démarche légitime et complémentaire, mais l'examen détaillé de ces deux stratégies ministérielles montre que la stratégie présentée par le ministère en charge de l'agriculture porte sur l'Europe et le commerce agricole et alimentaire (avant les enjeux de sécurité alimentaire ou d'agriculture) alors que celle du ministère en charge des affaires étrangères est précisément ciblée sur la sécurité alimentaire, la nutrition et l'agriculture.

Bien que les deux stratégies soient complémentaires au plan thématique et géographique, celle du ministère en charge des affaires étrangères[85] est plus complète, plus exhaustive et

---

[84]Des responsables de ces entreprises regrettent que les PME bénéficient de moins d'attention de notre réseau diplomatique ou encore que les règles de RSE soient pour elles moins accessibles.
[85] « La stratégie poursuit cinq objectifs : renforcer la gouvernance mondiale de la sécurité alimentaire et de la nutrition ; développer des

davantage structurée sur tous les aspects concernant la sécurité alimentaire, la nutrition et l'agriculture. Elle n'échappe pas au risque de catalogue « à la Prévert » et de possibles contradictions tant dans les objectifs que les modalités d'action. Elle affiche clairement, dans ses indicateurs de suivi, la primauté des objectifs environnementaux sur le reste : « 100 % des engagements de l'AFD en faveur de l'agriculture seront cohérents avec un développement bas-carbone et résilient, au sens de l'accord de Paris ». Compte tenu de l'affaiblissement du rôle du ministère en charge de l'agriculture dans les actions de coopération agricole en Afrique, l'utilité et la pertinence de la formulation par lui seul d'une stratégie concernant les politiques agricoles en Afrique doit être questionnée. Il aurait certainement été plus bénéfique, par souci de cohérence, d'inscrire, au moins pour la partie africaine, la stratégie du ministère en charge de l'agriculture dans celle du ministère en charge des affaires étrangères qui dispose de moyens plus importants pour sa mise en œuvre.

- La faiblesse des relations de travail entre l'AFD et le ministère en charge de l'agriculture, et donc de dialogue entre la définition des politiques publiques et leur mise en œuvre (AFD), traduit bien, de facto, le retrait du ministère en charge de l'agriculture de bon nombre d'initiatives depuis 2010 et illustre implicitement sa sortie du radar de la coopération internationale et des politiques de développement. Paradoxalement, il continue, sans que cela fasse l'objet d'une réelle évaluation[86], de pourvoir en fonctionnaires mis à

systèmes agricoles et alimentaires durables ; renforcer l'action française sur la nutrition ; appuyer la structuration de filières agroalimentaires durables pour favoriser la création d'emplois décents dans les territoires ruraux, notamment pour les jeunes ; renforcer les actions d'assistance alimentaire aux populations vulnérables et améliorer leur résilience.

[86] Aujourd'hui, les impacts des experts résidentiels dans les secteurs de

disposition la FAO (9 agents) ou le FIDA (1 agent), de développer des formations techniques et supérieures dans certains « pays clés » (1 agent au Service de coopération et d'action culturelle de Dakar et 1 autre à l'Institut FSAGRI en Afrique du sud) et de développer des compétences commerciales avec la mise en place de conseillers agricoles en 2012, dont 4 en Afrique subsaharienne.

Les nombreuses divisions de l'AFD en charge du secteur rural (Divisions OSC, EDU, ARB)[87] ne simplifient pas la visibilité des actions de l'AFD sur le secteur alimentaire et agricole malgré la présence d'un cadre d'intervention sectoriel assez clair et concis.

- Les choix politiques faits par le ministère en charge de l'agriculture de garder ses opérateurs (ADECIA et FVI) et de les rattacher à ses structures propres (FAM[88], ENSV[89]) étaient des choix institutionnels destinés à garder l'autonomie de ces structures en évitant la mainmise des « généralistes » sur les « sectoriels ». À ce moment-là, la pratique et l'expérience d'Expertise France ne militaient pas en faveur d'un rapprochement compte tenu des nombreuses incertitudes sur son fonctionnement et sur sa capacité à maintenir l'expérience sectorielle dans ses « méga-projets ». Cinq ans après, du point de vue de l'influence de la France sur les politiques agricoles en Afrique et de l'isolement des structures du ministère en charge de l'agriculture, ce choix mériterait d'être à nouveau

---

la sécurité alimentaire et de l'agriculture mis en place par le MAA dans les enceintes internationales (FAO, PAM, FIDA, BM, UE) ne sont pas suffisamment mesurés et évalués.

[87] OSC : Organisation de la Société Civile, EDU : Education, ARB : Agriculture, Rural et Biodiversité.

[88] FAM : FranceAgrimer

[89] ENSV : École Nationale des Services Vétérinaires.

questionné. Ainsi, par exemple, FAM, qui a intégré ADECIA dans sa structure, est considéré comme un organisme de conquête des marchés à l'international au service de l'agriculture française, desservant en cela l'action de coopération institutionnelle portée par ADECIA. Ajoutons que les « structures » du ministère en charge de l'agriculture recourent à des « experts-consultants » et réalisent environ 1500 hommes/jour de coopération agricole à l'international chaque année, soit l'équivalent de 6 agents à temps plein. C'est autant de ressources humaines que le nombre d'agents mis à disposition de ces « structures » par ce ministère.

- Certains comités techniques ont pu alimenter le débat au niveau national et jouer un rôle constructif dans les enceintes internationales. C'est le cas, par exemple, du Comité technique « Foncier et développement » qui associe depuis une vingtaine d'années des spécialistes aux compétences variées sous l'égide de l'AFD et du ministère en charge des affaires étrangères. Il pilote aujourd'hui le projet « Appui à l'élaboration des politiques foncières dans le monde » et se positionne comme un « think-tank » qui traite des questions foncières dans les pays du Sud (sécurisation des droits, appropriation des terres à grande échelle). Il anime aussi un groupe conjoint avec le GISA[90]. Ce type de comité reste cependant circonscrit à un sujet important, mais particulier et le ministère en charge de l'agriculture n'y participe plus activement. C'est la même chose pour d'autres comités sectoriels.

- La coopération décentralisée se développe, notamment dans le secteur agricole, avec l'appui d'un agent

---

[90] GISA : Groupe Interministériel sur la Sécurité Alimentaire.

du ministère chargé de l'agriculture auprès de la Délégation pour l'action extérieure des collectivités territoriales (DAECT) du ministère chargé des affaires étrangères. Cette coopération est menée sous l'impulsion des régions ou des départements ruraux, parfois avec les agri-agences (AFDI) elles-mêmes financées par le guichet des ONG de l'AFD. Ces actions isolées alimentent ainsi la fragmentation des acteurs et des territoires. Et pourtant, la coopération des collectivités locales françaises est significative, en croissance et diversifiée (51 M€ en 2019 dont 10 % en agriculture, soit 5,1 M€ ; 8,7 M€ sur le Sahel dont 12 % en agriculture, soit 1 M€). Elle fait depuis quelques années l'objet d'un appel à projets spécifiques dédiés à l'agriculture. Le ministère en charge de l'agriculture siège au comité de sélection des projets où l'agriculture est traitée dans des approches transversales (jeunes, urbanisation…).

- La société civile, notamment les ONG et les fondations, accroît ses actions de coopération agricole (AVSF, GRET, INTERAIDE, AGRISUD, GERES, FARM, Fondation Avril…), souvent sans concertation, excepté sous forme de financements opportuns. Les ONG émargent pourtant toutes, peu ou prou, au guichet « société civile » de l'AFD ou sont en concurrence sur certains appels d'offres de l'Union européenne ou de l'AFD avec d'autres acteurs français comme le CIRAD ou certains Bureaux d'études. Quant aux fondations comme FARM ou la Fondation Avril qui se concentrent totalement ou pour partie sur l'Afrique, leurs moyens limités pour la première ou leur création assez récente pour la seconde ne leur permettent pas, à ce stade, de contribuer réellement et suffisamment à la coopération française, sauf par certains débats en démultipliant les cercles de réflexion et d'influence.

- Si le Secrétariat général aux affaires européennes (SGAE) est cité par quelques acteurs comme une structure utile de coordination et de structuration des messages au sein du gouvernement, il n'en demeure pas moins un acteur aux pouvoirs limités au sein d'une constellation d'acteurs (dont la plupart revendiquent leur indépendance) et d'actions dans un ensemble devenu de plus en plus complexe et incohérent. Cela s'illustre par le schéma relatif à la multiplicité des acteurs de la coopération publique agricole française pour le développement qui figure en fin de chapitre.

L'opportunisme de certains acteurs en quête de financements

Le paysage fragmenté de la coopération agricole française et l'absence de cohésion des acteurs ont laissé la place, faute de réel pilotage, à des comportements opportunistes de certains d'entre eux mis sous pression financièrement par la réduction des budgets publics. Ils sont de plus en plus en compétition sur certains appels d'offres. Notons aussi que du côté de l'enseignement, les écoles privées du secondaire ou du supérieur sont, sur le plan de l'action international, sorties du radar de l'enseignement agricole du ministère en charge de l'agriculture, sauf quelques rares exceptions.

Le cas des acteurs de la recherche et en particulier du CIRAD est exemplaire à ce sujet. Au-delà de son autonomie, en particulier vis-à-vis du ministère en charge de l'agriculture qui n'en a pas la tutelle, même si un accord-cadre de coopération les lie, le CIRAD est certainement l'acteur qui s'est le plus adapté au nouveau contexte en restant plus près de l'agriculture africaine. Il n'a perdu au cours des 40 dernières années que la moitié de ses effectifs de terrain et a adapté ses compétences et ses modes d'intervention (partenariat) aux bailleurs de fonds.

Le CIRAD est aujourd'hui sur de nombreux terrains, y compris celui de la formation sous couvert de « formation-action » où pourtant sa légitimité pose question et où ses interventions ne sont pas nécessairement en complémentarité avec celles de la direction générale de l'enseignement et de la recherche (DGER) du ministère en charge de l'agriculture, de FVI ou de FAM (ADECIA), par exemple. C'est également un acteur des projets, notamment européens, et un « expert » sur des thématiques globales laissant de moins en moins de place à l'initiative paysanne et aux approches par filière comme ont pu le regretter certains représentants de la société civile. Il est enfin en appui à la définition de la stratégie de certains bailleurs de fonds, comme c'est le cas pour l'AFD ou la DGDEVCO [91] aux côtés d'autres centres de recherche et d'universités européens ou de certains partenaires africains.

Rattrapés par les réalités du financement de la recherche, qui privilégie depuis une vingtaine d'années les publications dans les revues d'excellence pour l'évaluation des chercheurs et le classement des organisations de recherche, l'IRD et le CIRAD se sont recentrés sur la production scientifique et ont mis leur contribution au développement au service de cet objectif. Et dans la logique de guichet qui prévaut pour l'accès aux financements de l'Agence Nationale de la Recherche ou de l'Union européenne, par exemple, c'est cette excellence scientifique qui est valorisée par le choix des chercheurs mis en avant dans les réponses aux appels d'offres. Les conséquences pratiques de ces travaux sont secondaires.

Il n'est pas étonnant, dès lors, que certains acteurs de terrain au sein des ONG ou des entreprises soulignent de plus en plus

---

[91]DG DEVCO : Direction Générale de la Coopération internationale et du Développement/Commission Européenne, aujourd'hui DG INTPA (Direction générale des partenariats internationaux).

l'éloignement des chercheurs français et leur moindre intérêt pour certains sujets de production agricole ou d'organisation des producteurs et mettent en avant la meilleure visibilité et performance de la coopération allemande ou néerlandaise. Même si les structures ont fortement évolué, notamment avec les Unités mixtes de recherche (UMR), la spécificité des instituts de recherche français les a isolés pendant longtemps des universités, rendant la visibilité de l'enseignement supérieur et de la recherche[92] très éloignée de ce qui peut prévaloir dans des complexes intégrés formation-recherche-développement comme celui de *Wageningen University and Research* au Pays Bas.

Par la place qu'il occupe encore, le CIRAD est utile aux tutelles comme vecteur pour renforcer certains partenariats avec le Sud et comme catalyseur de partenariats avec d'autres acteurs français. Son statut d'établissement public à caractère industriel et commercial lui permet un jeu opportuniste dans la course aux financements en contrepartie des réductions des ressources d'origine budgétaire. Le récent plan d'action commun CIRAD-INRAE est le signe d'une volonté de réunir les énergies en fonction d'objectifs communs. Il reste cependant des efforts à faire pour reconquérir les marchés de la Banque mondiale et pour associer davantage l'enseignement supérieur et les acteurs privés des filières.

[92]Choix consistant à placer des chercheurs dans des centres de recherche africains ou internationaux réduisant ainsi la visibilité du CIRAD, par exemple.

L'absence de pilotage de la coopération agricole française en Afrique

L'affaiblissement croissant de la coopération agricole française en Afrique est le résultat de choix politiques clairs (séparation de la tutelle et de l'opérateur) et d'une réforme qui n'a pas forcément donné tous les résultats attendus. Le faible pilotage dans un contexte de financiarisation croissante du développement, de financements bilatéraux décroissants, de financements multilatéraux peu valorisés, d'éloignement progressif des gros bailleurs de fonds comme la Banque mondiale et de déclin du dialogue technique avec ces institutions, ont eu raison du rôle que jouait encore le ministère en charge de l'agriculture dans les années 80.[93]

Se rangeant au pragmatisme de l'idéologie ambiante de la coopération internationale, la France est devenue un acteur parmi d'autres, sans pouvoir mobiliser de grands moyens et avec des difficultés à rendre cohérente son action.

Des obstacles en matière de cohérence et de synergies

Les acteurs témoins relèvent de nombreux obstacles en matière de cohérence et de recherche de synergies.

- Si les grandes orientations générales thématiques ou financières du CICID donnent leur place à l'agriculture et à la sécurité alimentaire, celles-ci apparaissent en second rang[94]. Ces grandes orientations sont, en pratique, peu suivies

[93] Ce rôle se résume aujourd'hui à celui d'opérateur de l'AFD ou de l'Union européenne pour quelques projets de portée très limitée.
[94] La sécurité alimentaire et l'agriculture ont été récupérées en 2e intention au CICID 2018, comme des priorités de second rang après l'éducation et la santé oubliant que la santé comme l'éducation nécessitent d'être bien nourries…

d'effets. Certains acteurs moins concernés par la problématique du développement peuvent s'en affranchir assez facilement ou les contourner dès qu'ils ne se considèrent pas dans la cible principale de l'aide au développement. C'est le cas du ministère en charge de l'agriculture, qui n'est pas membre du CICID et qui définit ses propres priorités. Les 19 pays prioritaires désignés par le CICID ne reçoivent d'ailleurs que 50 % de l'APD française.

- L'évolution du cadre international et le développement de la coopération multilatérale ont modifié les processus de requête des États et les modalités d'intervention : l'aide projet est considérée comme efficace à moyen et long terme en raison d'une supposée meilleure responsabilisation des opérateurs. Mais dans cette dynamique, la France a de plus en plus de difficulté à jouer une partition visible et compréhensible dans les jeux pluri-acteurs qui font la part belle aux systèmes et dispositifs anglo-saxons moins normalisés, plus organisés et laissant une large place au secteur privé.

- La coopération française reste prise aujourd'hui dans le dilemme de conserver une approche « projet » bilatérale, même avec des fonds verticaux dédiés[95], ou de s'inscrire dans des initiatives politiques multilatérales qui prédéterminent souvent les choix des thématiques d'action, fruits du consensus international.

Le choix des pays bénéficiaires comme celui des thématiques dépend de la capacité d'influence des pays membres des organisations internationales. La France lance très régulièrement des initiatives multilatérales pour exister dans le

[95] Les fonds verticaux dédiés sont PMEducation, Santé-VIH-TUB-PALU, FVC-GCF, FEM-GEF…

concert international, mais engage ses financements et ses actions principalement dans le champ bilatéral sans qu'il y ait, en définitive, une réelle cohérence entre les deux champs d'activités ou bien que l'intendance suive le discours politique[96].

S'agissant du secteur agricole, la capacité d'influence française dans le système multilatéral est de plus en plus questionnée, que ce soit sur le fond et ses idées ou sur la forme et ses capacités à mobiliser le réseau diplomatique. Il n'existe pas, semble-t-il, de bilan récent des contributions françaises aux institutions multilatérales en charge de l'agriculture, de ses liens avec l'aide bilatérale et de sa cohérence globale (ressources humaines, fonds fiduciaires, contribution obligatoire et volontaires, financement des différents départements ministériels).

À titre d'exemple, si au sein de la Banque mondiale, l'AFD et le CIRAD sont des interlocuteurs considérés pour l'élaboration de programmes et leur mise en œuvre sur le terrain, peu de Français occupent dans l'organisation des postes stratégiques dans les domaines de l'agriculture et de l'alimentation ou du développement durable[97]. Il demeure cependant encore un nombre important de français (et de

---

[96] La France n'a pas contribué au programme mondial GAFSP géré par la Banque mondiale, alors qu'elle avait bien proposé en 2008 un fonds commun des donateurs… Ayant proposé que le FIDA porte ce fonds, mais Bercy refusant d'y mettre la somme qui aurait permis de le créer, cette initiative est restée sans suite du côté français.

[97] On notera cependant qu'aujourd'hui, le Vice-Président du développement durable à la BM est un Allemand et que le Directeur de l'agriculture et de l'alimentation est un Hollandais. Par ailleurs, les échanges réguliers entre les chargés de projets BM et AFD, jugés productifs par les deux parties, ont existé dans les années 2000, mais se sont taris dans le secteur agricole.

francophones) en charge de la préparation, du suivi et de l'évaluation des projets d'investissements dans ces domaines, élément insuffisamment exploité aujourd'hui[98].

Quant à la FAO, l'élection au poste de Directeur général de la FAO du candidat chinois contre la candidate française, est particulièrement significative. Elle a montré les carences du dispositif de promotion de la candidature française, le manque de soutien des candidats traditionnels africains et l'insuffisance de réflexion sur le niveau des candidats à ces postes. Les observateurs constatent aujourd'hui, au sein de la FAO, comme sur le terrain, le portage d'objectifs contradictoires entre d'un côté des pays aujourd'hui majoritaires (Pays d'Afrique, États-Unis, Chine, Amérique latine) attachés aux enjeux de sécurité alimentaire et au « produire plus » et, d'un autre côté, les pays d'Europe de l'Ouest ou du Nord qui défendent la protection de l'environnement, la lutte contre le changement climatique, l'agroécologie et l'agriculture familiale. Au regard de cette réalité, le « Green Deal » européen comme la stratégie « Farm to Fork » apparaissent désormais en décalage par rapport aux objectifs de sécurité alimentaire de nombreux autres pays qui considèrent ces approches environnementales comme relevant du PNUE[99], hors du champ d'action de la FAO. Il est clair que la disparition progressive des Français aux postes de responsabilité à la FAO ces dernières années, mais aussi au sein d'autres organisations internationales qui traitent des questions de développement agricole, est un signe de perte d'influence, d'autant que la France voit son vivier d'experts

[98] De nombreux experts francophones, bien que formés en France n'ont fait l'objet d'aucun suivi (absence de gestion des Alumni).
[99] PNUE : Programme des Nations Unies pour l'Environnement.

séniors s'éparpiller et se restreindre, peinant à présenter des candidats de standing international[100].

Cette situation tranche avec celle où des experts français influençaient encore l'agenda international comme ce fut le cas en diverses occasions dans un passé récent :

. La réponse mondiale à l'influenza aviaire hautement pathogène H5N1 qui, dès 2006, est conduite, pour la partie vétérinaire, par des experts français en poste à l'OIE, la FAO et la Banque mondiale dans un premier temps, épaulés par ceux de la Commission européenne et de l'OMS. Cette alliance a eu de multiples impacts positifs et durables sur le terrain et au sein des organisations internationales [101], notamment sur l'opérationnalisation du concept « Une seule santé » (« One Health ») ;

. Le portefeuille des projets agricoles, notamment à la Banque mondiale, reposait dans les années 2000 sur le trépied composé de projets de services agricoles, de gestion des ressources naturelles et d'appui aux filières agricoles, à forte empreinte française ;

---

[100] Le peu d'attrait de candidats français de bon niveau pour ces postes mériterait un examen particulier, mais le manque d'ouverture pour l'international, la pratique limitée de langues étrangères, la primauté du local, les risques d'un changement professionnel ou le retour souvent difficile en France sont des éléments à considérer.

[101] Notamment la prise de conscience de la dangerosité des zoonoses à potentiel pandémique, des rôles et mandats respectifs de l'OIE et de la FAO, de la nécessité de s'appuyer sur des Services vétérinaires de qualité, inspirés du modèle français et évalués selon la démarche PVS de l'OIE, de l'interface homme-animal-environnement et des coopérations qu'elles suscitent, et d'un modèle de coopération internationale répliqué à plusieurs reprises par la suite.

. Le réengagement massif de la Banque mondiale ces dix dernières années sur les thèmes de l'élevage, du pastoralisme [102], ou même l'opérationnalisation de « Une seule santé »[103], animés par l'équipe Élevage de l'institution, entièrement composée de français ;

. La réforme, en 2009, du Comité de la sécurité alimentaire mondiale[104], 35 ans après sa mise en place, et la création du Panel de haut niveau sur la sécurité alimentaire[105] à l'occasion du sommet mondial de la sécurité alimentaire de 2009 organisé par la FAO, ont été initiées et concrétisées sous influence française, y compris au sein de la FAO.

- L'insuffisance de complémentarité entre le bi et le multilatéral constitue aussi toujours une grande difficulté au cœur des différentes directions du ministère en charge des affaires étrangères, entre celles en charge des dossiers multilatéraux et les directions géographiques (Asie, Afrique), qui sont plus attachées au bilatéralisme pour des raisons opérationnelles très politiques (approche pays, modes de financement), contrebalançant en partie le poids pris par le

---

[102] Avec de nombreux appuis politiques (plaidoyers, dialogues, conférences de N'Djaména et de Nouakchott), analytiques (sur le pastoralisme, la sécheresse et les zones sèches, la stabilité) et opérationnel (nombreux projets nationaux et régionaux au Sahel – PRAPS et sur la Corne de l'Afrique-RPLRP, et le TF PASSHA).

[103] Comme le montre le programme régional ouest-africain REDISSE actuel dont la partie vétérinaire a été co-construite par des membres de l'équipe Elevage de la BM.

[104] Depuis sa réforme en 2009, le CSA est la principale plateforme internationale et intergouvernementale qui permet à l'ensemble des parties prenantes de travailler ensemble pour assurer à chacun la sécurité alimentaire et la nutrition.

[105] HLPE : *High level panel of experts.*

multilatéralisme et limitant ainsi le jeu des directions transversales plus engagées dans celui-ci. Cela est aggravé par une gestion différenciée entre, d'une part, le ministère sur le multilatéral et, d'autre part, l'AFD sur le bilatéral pour le suivi des dossiers sectoriels au sein des pays.

- À un autre niveau, le Groupe interministériel pour la sécurité alimentaire (GISA) tente de jouer auprès du SGAE un rôle de coordination entre les administrations concernées et la société civile, en particulier pour la formulation des positions françaises dans certaines instances internationales[106]. C'est finalement le ministère en charge des affaires étrangères qui pilote le groupe et qui en est le plus influent compte tenu de la place des diplomates, du rôle de la Représentation permanente à Rome et de la faible place du ministère en charge de l'agriculture. Jusqu'au début des années 2000, celui-ci pouvait encore proposer des nominations de hauts fonctionnaires comme représentant de la France auprès des agences onusiennes romaines en charge de l'agriculture et de l'alimentation (FAO, PAM, FIDA), mais ce n'est plus le cas depuis une vingtaine d'années. Par ailleurs, la composition du GISA en fait surtout le porte-parole d'ONG, minimisant le rôle que pourraient tenir les entreprises françaises dans les politiques de développement de l'agriculture en Afrique.

- Certaines ONG regrettent aussi le faible soutien que leur apportent les administrations françaises en charge du développement, notamment pour avoir la masse critique et la légitimité à dialoguer avec les techniciens des gros bailleurs de fonds (Banque mondiale, Union européenne…) comme

[106] Où la France, membre de ces organisations, doit aussi s'inscrire dans un consensus européen toujours à trouver…

cela se faisait il y a trente ans avec l'appui de la direction de la coopération technique du ministère de la coopération.

Une évaluation interministérielle approfondie des outils (ressources humaines, financements, structures dédiées) pourrait déterminer avec pertinence les modèles opérationnels les plus influents.

Quelques actions du ministère en charge de l'agriculture sont de qualité, mais apparaissent isolées

Le ministère en charge de l'agriculture a requalifié son dispositif de coopération en s'appuyant sur trois bureaux d'administration centrale dans les trois directions générales ayant des activités à l'international.

Le rôle de coordination pour l'international a été confié au Bureau de la mondialisation et de la sécurité alimentaire (BMSA) au sein de la Direction générale de la performance économique et environnementale des entreprises. Composé de 3 personnes, ce bureau a en charge plus particulièrement le suivi des entreprises et des organisations internationales (FAO, PAM, FIDA) en délégant ses quelques activités de coopération institutionnelle sur le terrain à FAM (ADECIA) et à FVI dont la collaboration avec Expertise France (AFD) est régie par un accord cadre qui en définit les modalités (actions sectorielles, taille des projets). Le BMSA participe au pilotage du dialogue avec la FAO, mais ne dialogue quasiment pas avec l'AFD. Il continue cependant d'entretenir des relations avec les institutions de recherche (CIRAD, IRD, INRAE).

Au sein de la Direction générale de l'alimentation, une coopération technique et spécifique dans les domaines sanitaires et phytosanitaires avec de nombreux acteurs techniques bi et multilatéraux existe. Mais elle rencontre des difficultés à mobiliser les ressources humaines et les finances qui permettraient d'avoir une action plus forte et plus visible. Au-delà du sanitaire et du phytosanitaire, les compétences de cette direction en matière d'alimentation (nutrition, systèmes alimentaires...) ne sont pas valorisées au niveau international en raison de moyens humains et financiers trop contraints.

Au sein de la Direction générale de l'enseignement et de la recherche, le bureau des relations européennes et de la coopération internationale met en œuvre un plan d'action à l'international sans fonds propre. Le discours du Président de la République à Ouagadougou le 27 novembre 2017 a réaffirmé le soutien français à l'enseignement supérieur en Afrique et mobilisé en conséquence la direction générale de l'enseignement et de la recherche dans son domaine de compétence (coopération éducative et scientifique). Quatre axes stratégiques ont été établis en 2018[107] dont la mise en œuvre n'a pas bénéficié de crédits exceptionnels, mais s'est inscrite dans les financements classiques et dédiés de l'AFD. Cette action s'inscrit dans un ensemble de soutiens à l'enseignement agricole en Afrique subsaharienne par l'organisation de mobilités et par l'appui à la professionnalisation des enseignements, notamment dans certains pays francophones. Les actions ainsi mises en place sont cependant insuffisantes et trop peu valorisées auprès des acteurs africains et internationaux. De manière concrète, l'AFD

[107] 1. Renforcer les capacités des dispositifs de formation, 2. Accroître les mobilités réciproques, 3. Mettre en place des trajectoires de formation croisée (bi diplomation), 4. Développer et accompagner les incubateurs de formation (numérique) en collaboration avec les établissements techniques de formation, d'enseignement supérieur, CAMPUS FRANCE et l'AFD (enseignement technique).

peine à collaborer, car les visions et les objectifs sont différents. Il existe peu de partenariats entre établissements agricoles français et africains. L'AFD collabore principalement avec le CIRAD et l'Institut supérieur agronomique de Montpellier dans l'enseignement supérieur public, mais peu avec les autres établissements d'enseignement supérieur, car le fonctionnement d'AGREENIUM[108] est beaucoup trop faible et toujours pas à la mesure des enjeux. Une cinquantaine de bourses, soit moins de 2 % des bourses attribuées (40 sur financement français, 15 par les pays) le sont chaque année dans le secteur agricole (essentiellement doctorat et master) qui se répartissent dans les divers établissements français, mais surtout à Montpellier.

Les coopérations dans le domaine de la formation agricole existent donc, mais ciblent souvent la formation supérieure d'ingénieurs ou au-delà (doctorants) alors que les besoins portent surtout sur les techniciens agricoles en Afrique. Seuls quelques pays pourvoient la grande majorité des étudiants africains en France (Algérie, Cameroun, Côte d'Ivoire, Maroc, Sénégal, Tunisie). De nombreuses initiatives comme « Bienvenue en France » ou « le Partenariat pour l'enseignement supérieur africain (PEA) » pourraient davantage renforcer les mobilités croisées franco-africaines, mais sont peu utilisées dans le secteur agricole (moins de 15 % des projets).

De fait, depuis environ 10 ans, le ministère en charge de l'agriculture a progressivement concentré son action sur les politiques commerciales au détriment de la coopération agricole en faveur des pays en développement. La marginalisation de cette administration dans l'appui aux

[108] AGREENIUM : Alliance de la formation et la recherche pour l'agriculture, l'alimentation, l'environnement et la santé globale.

politiques agricoles en Afrique s'illustre également par l'action de sa direction des pêches maritimes et de l'aquaculture [109] dont la tâche à l'international est essentiellement liée au suivi et à la mise en œuvre des accords européens de pêche. Cette direction n'intervient pas en coopération sectorielle à l'international, laissant ainsi un champ vaste et peu exploré dans ce domaine, notamment en Afrique, dont une partie est dévolue, de fait, à l'IFREMER[110].

Au-delà, outre les vingt experts mis à disposition (MAD) dans différentes ambassades, organisations internationales ou structures africaines[111], le ministère en charge de l'agriculture mobilise peu de moyens financiers (environ 600 000 € par an) et ces moyens sont mis en œuvre dans le cadre de projets d'opportunité.

De plus, les agents mis à disposition dans les organisations internationales sont souvent sans moyens spécifiques, sans fonds fiduciaire dédié notamment [112]. Ils n'ont donc pas vraiment les moyens d'influencer et d'être efficaces. Le bureau en charge de la coordination de l'appui aux politiques agricoles, en Afrique notamment, n'en a ni les moyens humains ni les ressources financières qui lui permettraient d'assurer le pilotage et la coordination des opérateurs français « agricoles » du développement, de mettre à disposition l'expertise publique à un niveau suffisant ou de contribuer utilement aux quelques enceintes de débat d'idées les plus pertinentes.

---

[109] DPMA : Direction des Pêches Marines et de l'Aquaculture.

[110] IFREMER : Institut Français de Recherche pour l'Exploitation de la Mer.

[111] MAD : 9 à la FAO, 1 au FIDA, 2 dans l'enseignement sup et technique (1 en Afrique du Sud et 1 au SCAC de Dakar), 8 conseillers agricoles en Afrique Subsaharienne (4) et au Maghreb (4).

[112] Contrairement aux agents mis à dispositions par d'autres pays.

Les constats présentés ci-dessus révèlent à la fois une multitude d'initiatives et de potentialités, mais également des insuffisances institutionnelles, notamment la faiblesse politique du pilotage de l'aide au développement et le rôle mineur joué aujourd'hui au plan technique par le ministère en charge de l'agriculture dans ce concert institutionnel.

Cette situation trouve sa raison d'être dans l'éparpillement des politiques agricoles au sein d'autres programmes ainsi que dans le fonctionnement opportuniste des acteurs français dans un système sans réel pilote. Par ailleurs, si la France a réaffirmé sa présence sur la scène internationale lors de la COP 21 au plan politique et technique par le biais du climat et de la biodiversité, le financement des projets agricoles en Afrique passe désormais essentiellement, dans l'approche française, par l'adaptation au changement climatique ou la gestion des ressources naturelles. La question de la sécurité alimentaire est devenue quasiment subsidiaire, excepté pour l'aide humanitaire ou l'aide d'urgence encore traitées par le Ministère de l'Europe et des Affaires étrangères.

Par ailleurs, les fonds fiduciaires ou dédiés au secteur agricole et alimentaire sont peu nombreux et paraissent difficiles à appréhender et à suivre, y compris par les agents en charge de ces dossiers dans les administrations concernées. Les résultats des financements de fonds d'investissement dans le secteur agricole, notamment réalisés par PROPARCO/AFD restent à évaluer.

La financiarisation de l'aide, la baisse des moyens, la perte de crédibilité et les injonctions contradictoires

À l'échelon opérationnel, trois points ressortent des dix dernières années dans les secteurs de l'alimentation et de l'agriculture : la « financiarisation » du développement, la baisse des moyens et les injonctions contradictoires qui décrédibilisent l'action.

La financiarisation de l'aide au développement

Le développement, sous l'emprise des enjeux macroéconomiques, de la mondialisation et de l'ouverture aux acteurs multiples est devenu progressivement une affaire de « finances », reléguant les ressources internes et tout ce qui y est lié (lutte contre la corruption, fiscalité) au second rang, au profit des fonds externes multilatéraux et thématiques[113].

La financiarisation du développement correspond à l'apparition des fonds d'investissement et à la promotion du capital-investissement comme instrument des politiques agricoles, à des partenariats public-privé et au recours croissant de l'APD au secteur privé en affichant une cohérence de leurs financements dans l'atteinte des ODD.

Ces fonds « externes » ont progressivement déresponsabilisé les demandeurs et orienté le développement dans la voie la plus attractive au plan financier. Les politiques et les stratégies de moyen et long terme sont négligées, certaines thématiques n'entrant pas dans cette perspective[114]. Et ce qui reste de mesures agricoles est le résultat d'agendas extérieurs souvent imposés ; ce que des observateurs qualifient aujourd'hui d'« unilatéralisme du multilatéralisme »[115].

---

[113] Voir notamment « La fabrique des politiques en Afriques, agricultures, ruralités, alimentations », sous la direction de Jérôme Coste, François Doligez, Johny Egg et Gaëlle Perrin, Ed Karthala, 2021.

[114] Par exemple le développement territorial.

[115] Les pays riches imposent leur agenda aux pays pauvres.

Au premier rang de cette dynamique, il y a l'AFD et ses modalités d'action, avec la priorité donnée aux prêts dans l'aide au développement et, en contrepartie, la baisse significative des subventions. Cet impératif posé aux organisations financières du développement, a conduit l'AFD dans une logique où les résultats sont appréciés au regard des volumes de décaissement. La course à l'engagement s'accélère pour tenter d'atteindre 14 milliards d'euros en 2021. Même si l'agence se défend en disant qu'elle ne fait que répondre aux demandes des pays partenaires, l'offre privilégie les « gros » projets qui sont seuls rentables (plus de 6 millions d'euros). Même si cette logique financière peut primer sur la logique de développement du capital humain, tout l'intérêt réside dans la nécessité et le besoin de compléter l'approche des différents bailleurs de fonds afin de bien s'assurer de l'utilisation rationnelle et efficace des investissements. Certains bailleurs de fonds le font mieux que d'autres et réservent des appuis institutionnels conséquents dans leurs projets. D'autres disent le faire, mais réduisent le renforcement de capacités à la marge de leurs projets. Et il est désormais difficile d'identifier les financements modestes d'appui institutionnel même s'ils existent encore dans la nébuleuse des appuis.

Une forte demande existe, mais la financiarisation du système et des instruments financiers mis en œuvre ne facilitent pas la réponse aux requêtes. Cette logique est issue de la libéralisation des années 90 et se caractérise par un retrait du rôle des politiques publiques, un affaiblissement des capacités institutionnelles dans les ministères sectoriels des pays concernés, un retrait des fonctions de planification et un désintérêt vis-à-vis de la création de dynamiques internes de transformation structurelle intersectorielle appuyées par des politiques publiques appropriées.

C'est ainsi que le secteur agricole[116] et le soutien aux politiques agricoles ont perdu leur légitimité et leur intérêt initiaux pour la plupart des bailleurs de fonds. C'est à l'occasion des crises sanitaires (H5N1 et Covid-19), alimentaires ou sécuritaires, que les bailleurs de fonds ont réinvesti les questions agricoles et de sécurité alimentaire en renforçant leurs programmes, comme ce fût le cas de la Banque mondiale qui a doublé son volume d'investissements en agriculture entre 2000 et 2010 après une chute importante lors des décennies précédentes.

Le morcellement de l'action et le désintérêt progressif de la France pour les politiques agricoles et alimentaires en Afrique

L'APD à destination de l'agriculture en Afrique suit deux évolutions. D'une part, son montant direct diminue régulièrement, sauf si on y intègre l'ensemble de l'économie alimentaire (500 M€ en 2017, soit 50 % des financements de l'AFD à l'agriculture)[117]. D'autre part, elle est de moins en moins identifiable en raison de sa contribution à beaucoup d'autres thématiques (climat, biodiversité) dont les financements sont en forte croissance.

L'APD en faveur de l'agriculture n'est quasiment plus identifiable et donc évaluable. L'alimentation et le secteur agricole sont des « briques » de programmes plus larges et de projets qui se succèdent, parfois sans liens entre eux et sans cohérence régionale.

La gestion publique du développement et son approche par les ministères de tutelle (Affaires étrangères et Finances pour

---

[116] Cette évolution devrait aussi être examinée sous l'angle des rapports d'autorité et de pouvoir qui existent entre acteurs impliqués, dont les bailleurs de fonds, les experts et les décideurs des pays concernés.

[117]Beaucoup de financements d'ONG ou du secteur privé (IDE) ne sont pas comptabilisés dans cette APD.

l'AFD) imposent une pression sur les coûts de personnel (coefficient d'exploitation) qui aboutit à deux effets qui se conjuguent au détriment de l'expérience et de la crédibilité des personnels mobilisés : les agents techniques de l'AFD sont principalement au siège et non sur le terrain et le recours à des jeunes ingénieurs comme assistants techniques ou comme « Volontaires Internationaux » dans les agences entraîne une forte perte de séniorité et d'expérience alors qu'en Afrique cette séniorité demeure un gage de crédibilité [118].

Par ailleurs, « France Volontaires », comme beaucoup d'autres, employait, il y a 30 ans, de nombreux jeunes qui travaillaient sur le terrain et constituaient à la fois des capteurs de connaissance du terrain, qu'ils soient assistants techniques ou chercheurs, mais surtout un futur vivier de jeunes expérimentés capables d'animer le réseau d'experts français. Ce n'est plus le cas.

L'intégration d'Expertise France au sein de l'AFD devrait accroitre cette dynamique, par effet de mutualisation et d'échelle, incitant l'AFD à opérationnaliser seule ses projets et à diminuer le recours aux opérateurs extérieurs avec une perte de la diversité d'expertise, notamment dans le secteur agricole où les interventions sont souvent plus compliquées que dans d'autres domaines. La demande forte et croissante vis-à-vis d'Expertise France dont les équipes « agricoles » sont encore restreintes, l'oblige à privilégier les projets pilotes et facilement reproductibles, d'où probablement la faible implication d'Expertise France pour l'instant sur les projets « agricoles » et sa collaboration réduite avec le ministère en charge de l'agriculture.

[118] « Seul le vieux sage peut entendre éjaculer le criquet », Proverbe africain dans « Mémoires de porc-épic » d'Alain Mabanckou.

La financiarisation du développement et la complexité des projets agricoles militent ainsi pour une exclusion progressive des thématiques les plus techniques et les moins médiatiques, dont l'agriculture. Institution financière de développement, l'AFD a aussi des marges d'action réduites du fait de ses outils d'intervention par rapport à d'autres bailleurs de fonds, comme par exemple pour l'octroi de subventions. Ainsi, elle n'a pas pu répondre, comme souhaité, à l'initiative du GPAFS en 2009, pourtant promue par la France, excepté pour le soutien à la mise en place de stocks régionaux de sécurité.

Des injonctions et des modalités d'action contradictoires

En même temps que croissent la financiarisation des outils d'aide au développement et la multiplication des acteurs et des priorités de chaque partenaire, les États africains doivent désormais se réfugier sous l'ombrelle des 17 ODD et des 169 objectifs correspondants pour essayer de définir des priorités au sein de projets et programmes malaisés à concevoir face à la multiplicité des objectifs. Et au sein de « l'unilatéralisme du multilatéralisme » qui pèse fortement sur les États africains, on doit reconnaître que la France y développe des injonctions contradictoires dans ses messages véhiculés sur le développement agricole.

Les écarts importants, parfois idéologiques, entre la création et la déclinaison des concepts contribuent, encore une fois, à la baisse de crédibilité du soutien de la France aux politiques agricoles en Afrique :

- Contradiction entre « productivisme »
et « agroécologie » :

Le discours français, historiquement productiviste pour le développement agricole en vue de la sécurité alimentaire après les indépendances, est contredit, souvent sans nuances, ces deux dernières décennies, par des préoccupations sociales, locales, territoriales et environnementales. L'agroécologie, en particulier, peut illustrer cette approche paradoxale perçue dans certains pays bénéficiaires comme les injonctions du « Nord » au détriment des objectifs du « Sud » de développer la production « à tout prix » pour soutenir les enjeux présents et à venir de sécurité alimentaire du continent.

- Contradiction entre « agriculture familiale » et « agro-business » :

La défense de l'agriculture familiale promue par l'Union européenne et la France en Afrique est parfois perçue comme contradictoire avec le développement de l'agro-industrie en France et en Europe (« Faites ce que je dis, mais pas ce que j'ai fait »). Ses conséquences sur les marchés mondiaux où les exportations européennes à bas prix sont encouragées et accompagnées (voir le rôle de nos conseillers agricoles) alors qu'elles sont régulièrement dénoncées comme des entraves au développement de l'agriculture africaine est une autre contradiction souvent évoquée.

- Contradiction entre « agriculture familiale » et « politique de l'emploi » dans des pays « jeunes » nécessitant de vrais emplois :

La défense de l'agriculture familiale et son corollaire, le développement des emplois familiaux agricoles prôné par certains, peut poser des problèmes de compréhension. En effet, si ces emplois familiaux ne sont pas bien rémunérés, ils constituent un pôle de sous-emploi ou de chômage masqué. Si, en définitive, les gains de productivité agricole sont insuffisants pour rémunérer des travailleurs agricoles plus nombreux, fussent des emplois familiaux, on crée de l'appauvrissement et de la frustration chez des jeunes qui sont alors tentés par d'autres aventures professionnelles ou les mouvements extrémistes.

- Contradiction entre « agriculture familiale » et « Accords de partenariat économiques (APE) » :

Au moment où la France et l'Union européenne plaident pour le modèle d'agriculture familiale en Afrique, les mêmes poussent à la conclusion d'accords de partenariat économique (APE) pour faciliter le commerce entre l'UE et ces pays qui profiteraient d'abord aux produits agricoles européens. Ainsi, le plaidoyer en faveur de l'agriculture familiale des européens manque de crédibilité et apparaît d'abord au service de leurs intérêts commerciaux agricoles en Afrique.

- Contradiction entre « agriculture familiale », « agroécologie » et développement des NTIC (Nouvelles technologies de l'information et de la communication) :

Le plaidoyer en faveur de l'agriculture familiale et de l'agroécologie est perçu pour une partie des acteurs africains comme antinomique à l'adoption par l'agriculture africaine de nouvelles technologies et du progrès technique qui peuvent apporter des réponses aux enjeux agricoles et alimentaires[119]. La question des biotechnologies et de l'utilisation des OGM est ainsi posée. La défense de l'agriculture familiale et la promotion de l'agroécologie empêcheraient l'adoption de techniques modernes de production dont, pour certaines d'entre elles, les Européens peuvent peut-être se passer, mais qui, dans

[119] L'évaluation par l'UA des résultats de Malabo et les travaux du *Regional strategic analysis and knowledge support system* sur la transformation des systèmes agroalimentaires en Afrique (2020) montrent l'importance du progrès technique dans les résultats agricoles.

la lutte contre l'insécurité alimentaire, peuvent s'avérer nécessaires.

Ces injonctions contradictoires sont souvent autant de pierres d'achoppement maladroites et parfois mal perçues par certains de nos partenaires africains qui trouvent désormais d'autres acteurs au discours plus clair, plus simple et aux modalités d'intervention moins conditionnelles et bénéficiant de moyens financiers conséquents, tout en répondant à leurs enjeux prioritaires.

La question sécuritaire pèse davantage aujourd'hui sur l'appui au développement

En plus de ces multiples injonctions, les modalités d'intervention ont nécessairement changé au Sahel face aux questions d'insécurité : la forte implication militaire et la disparition de l'expertise technique internationale ont créé un contexte peu structurant où les acteurs de terrain ont des difficultés à ne pas se sentir marginalisés. L'Alliance pour le Sahel est un remède à cette situation, mais elle souffre de contradictions institutionnelles entre les partisans de la sécurité et ceux du développement qui ne facilitent pas la mise en œuvre collégiale. L'insécurité croissante dans la zone sahélienne a considérablement freiné la mise en œuvre des projets de terrain et la présence des chercheurs et des ONG au détriment des acteurs et des financements pour sécuriser la zone.

Au-delà du Sahel, dans bien des régions en Afrique, les conflits en tous genres compliquent la coopération technique agricole qui, par nature, vise des zones rurales qui sont les premières victimes de ces conflits, principale cause aujourd'hui de l'insécurité alimentaire.

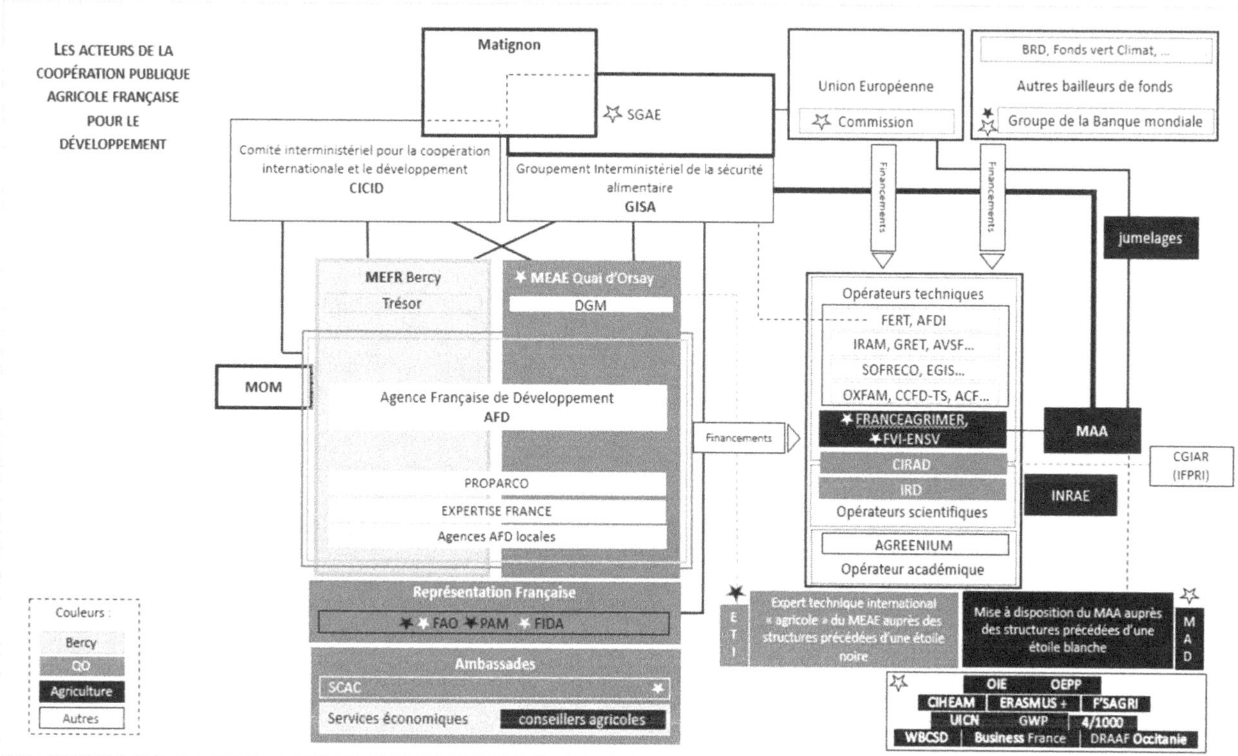
LES ACTEURS DE LA COOPÉRATION PUBLIQUE AGRICOLE FRANÇAISE POUR LE DÉVELOPPEMENT
Matignon
SGAE
Union Européenne
Commission
BRD, Fonds vert Climat, ...
Autres bailleurs de fonds
Groupe de la Banque mondiale
Comité interministériel pour la coopération internationale et le développement
CICID
Groupement Interministériel de la sécurité alimentaire
GISA
Financements
Financements
jumelages
MEFR Bercy
Trésor
MEAE Quai d'Orsay
DGM
MOM
Agence Française de Développement
AFD
PROPARCO
EXPERTISE FRANCE
Agences AFD locales
Financements
Opérateurs techniques
FERT, AFDI
IRAM, GRET, AVSF...
SOFRECO, EGIS...
OXFAM, CCFD-TS, ACF...
FRANCEAGRIMER,
FVI-ENSV
MAA
CIRAD
IRD
Opérateurs scientifiques
CGIAR
(IFPRI)
INRAE
AGREENIUM
Opérateur académique
Représentation Française
FAO PAM FIDA
Ambassades
SCAC
Services économiques
conseillers agricoles
Couleurs :
Bercy
QO
Agriculture
Autres
ETI
Expert technique international « agricole » du MEAE auprès des structures précédées d'une étoile noire
Mise à disposition du MAA auprès des structures précédées d'une étoile blanche
MAD
OIE
OEPP
CIHEAM
ERASMUS +
F'SAGRI
UICN
GWP
4/1000
WBCSD
Business France
DRAAF Occitanie

Notice de lecture du schéma institutionnel des acteurs publics de la coopération française agricole internationale

1) Dispositif général de coopération française public adapté plus spécifiquement à l'agriculture et à l'alimentaire
2) Entremêlement des acteurs et des financements de la coopération agricole internationale
3) Multitude d'acteurs dont la chaîne de commandement n'est pas unique ou coordonnée/concertée
4) Présence d'un grand nombre d'opérateurs techniques/scientifiques en concurrence sur des sources de financements peu diversifiées (AFD, UE)
5) Prédominance du MEAE et du MEF, maîtres d'ouvrage plus compétents sur les aspects macroéconomiques et socio-politiques que sur les dossiers sectoriels
6) Marginalisation du MAA et du MOM dans les choix politiques et les prises de décision au plan institutionnel et financier
7) Incapacité à identifier sur ce schéma les aspects dynamiques des jeux d'acteurs : cohérences/assemblages constructifs et/ou points d'achoppement/blocages.

Troisième partie
Reconstruire une coopération apaisée et pertinente sur les politiques agricoles et alimentaires en Afrique ?

« On ne peut pas labourer, semer, récolter et manger le même jour »

Proverbe africain

Alors que les « destins français et africains semblent mêlés »[120], et au lendemain d'un nouveau sommet Afrique-France, inédit par son format et ses débats qui s'est tenu à Montpellier début octobre 2021, la position actuelle affaiblie et incohérente de la France en Afrique dans les secteurs agricole et alimentaire est le constat que « La France n'a pas compris la mondialisation de l'Afrique » [121] : des indépendances jusqu'à la chute du mur de Berlin, la France a vécu une période exceptionnelle, sans concurrence dans ses

---

[120] Discours à l'Université de Ouagadougou du président de la République, E. MACRON, 28 Novembre 2017 : « Nous sommes une génération dont les destins mêlés, qu'on le veuille ou non, parce que nous avons cette Histoire commune, mais parce que nos parents, nos frères, parfois nos enfants ont fait ce choix d'enjamber les continents et les mers. Et je suis, comme vous, d'une génération convaincue que les diasporas africaines de France sont aussi au cœur de notre ouverture du monde. Et je suis aussi convaincu, comme nombre d'entre vous dans cette salle, que nous ne pouvons simplement nous regarder comme étant à des milliers et des milliers de kilomètres, mais comme étant aussi souvent de sang, d'Histoire et de destins mêlés ».

[121] Antoine Glaser, spécialiste de la Françafrique, entretien dans Le Point du 8 octobre 2021.

anciennes colonies d'Afrique de l'Ouest et d'Afrique Centrale. Mais l'époque a changé parce que le continent africain s'est totalement mondialisé avec la ruée de nouvelles puissances comme la Chine, les pays du Golfe, la Russie et d'autres européens… Pourtant, notre logiciel reste inchangé.

Cantonné dans ses modalités d'intervention traditionnelles, l'effort de la France dans le domaine de la coopération agricole et alimentaire se trouve aujourd'hui dépourvu d'ambition collective et dispersé entre des objectifs divers et une multitude d'acteurs, publics et privés, sans réelle vision, sans pilotage, ne pouvant, dans ces conditions, contribuer efficacement à relever les nombreux défis du continent.

Si elle veut replacer l'agriculture et l'alimentation à sa juste place dans la coopération française avec l'Afrique, la France doit commencer par définir une stratégie claire, lisible par les acteurs français, publics et privés, et surtout lisible par les Africains. Elle doit ensuite réétudier la place qu'elle doit donner à ses institutions et ses opérateurs. Le Ministère en charge de l'agriculture doit pouvoir jouer son rôle et tenir sa place dans le concert et l'accompagnement des politiques agricoles et des agricultures africaines.

D'abord, conduire une évaluation globale indépendante du dispositif actuel

Il n'est évidemment pas possible de faire évoluer le dispositif sans conduire une évaluation globale et décennale (2010-2020) de la coopération française (publique, privée et associative) dans les secteurs alimentaire et agricole en Afrique.

Cette évaluation globale et indépendante, confiée à un spécialiste de l'évaluation n'appartenant pas aux institutions concernées, devrait permettre d'évaluer de manière approfondie la pertinence des deux stratégies ministérielles mises en œuvre ces dernières années à l'international, le rôle des acteurs de la coopération agricole française (public, privé et associatif), l'efficacité des outils de coopération dans le domaine agricole et alimentaire, notamment en regard des ressources humaines mises à disposition de la coopération agricole internationale pour l'agriculture et la sécurité alimentaire en Afrique.

Elle devrait également analyser l'efficacité et la pertinence de l'ensemble des moyens financiers, notamment des fonds et des contributions multilatérales dédiés au secteur agricole. Cette évaluation devrait enquêter auprès des partenaires africains sur leur appréciation de la réponse française à leurs besoins.

Enfin, il doit s'agir aussi, par des parangonnages géographiques et sectoriels adaptés, d'apprécier la pertinence de la coopération française dans le domaine agricole et alimentaire par rapport aux actions de coopération d'autres pays.

Redéfinir les enjeux stratégiques pour la relation entre l'Afrique et la France pour l'agriculture et la sécurité alimentaire

La question agricole et alimentaire doit rester au cœur de la relation entre la France et l'Afrique et en constituer un pilier. Elle est essentielle et stratégique pour répondre à deux défis majeurs du continent africain :

- Le défi alimentaire pour lequel la France et l'Afrique peuvent construire un partenariat solide et durable autour de la notion de souveraineté alimentaire en travaillant sur les dépendances alimentaires et les interdépendances présentes et à venir pour que chacun renforce sa capacité à décider de ses modes d'approvisionnement et de ses systèmes alimentaires ;

- Le défi de l'emploi qui correspond à une attente immédiate et pressante pour les jeunes Africains de plus en plus nombreux et à laquelle la France peut aider à apporter des réponses dans le secteur agricole et dans le développement d'ateliers et d'industries agro-alimentaires grâce à ses entreprises, l'éducation et la recherche.

Porter une vision de long terme et des objectifs clairs

Il faudrait tout d'abord que la France porte en Afrique une vision de long terme et des objectifs clairs, en particulier en faveur de l'emploi et de la souveraineté alimentaire et pour cela, produire un document stratégique d'appui au secteur agricole et alimentaire en Afrique pour la période 2022-2030, stratégie commune portée par les ministères en charge de l'agriculture et des affaires étrangères et partagée par les autres ministères concernés.

Cela nécessite, bien sûr, de revoir les modalités de mise en œuvre et de financement des actions engagées sur la base de ces orientations stratégiques et de favoriser les collaborations avec les autres partenaires financiers en commençant par les banques de développement et l'Union européenne. Cela nécessite également de mobiliser l'ensemble des acteurs de « l'équipe France agricole et alimentaire », d'engager de nouveaux moyens financiers liés aux partenariats avec les institutions financières et de redonner à l'AFD la place qui doit être la sienne, c'est-à-dire une agence d'investissement y compris dans le secteur rural.

Une nouvelle ambition doit pouvoir s'appuyer sur une forte impulsion politique

La France dispose de nombreux atouts pour aider et accompagner le continent africain dans ses défis au cours de ce siècle.

Elle possède encore un socle de compétences au sein de ses centres de recherche, de la société civile et de son administration. Elle dispose de financements renforcés ces dernières années [122] et la nouvelle loi relative au développement solidaire et à la lutte contre les inégalités mondiales devrait permettre de consolider l'aide au développement au cours des prochaines années.

Proposer une nouvelle offre en réponse aux vrais besoins

Pour mieux utiliser ces moyens, la France devrait modifier son offre agricole et alimentaire vis-à-vis de l'Afrique avec une ambition renouvelée tant auprès des partenaires africains que des bailleurs de fonds internationaux. Une vision de long terme et une stratégie interministérielle devraient porter cette ambition en réponse aux besoins concrets du sud plutôt que dictées par les agendas du Nord.

Contribuer à un développement durable en Afrique, c'est remettre l'enjeu de la sécurité alimentaire, l'agriculture et l'alimentation, au cœur des relations Afrique-France et répondre à une demande africaine concrète et dynamique.

---

[122] L'APD devrait représenter 0,55 % du PIB en 2022.

Pour cela, la France doit pouvoir remettre en cohérence son dispositif, en revoir le pilotage et reconnecter ses filières économiques agricoles et agroalimentaires avec l'ensemble de l'écosystème, souvent très isolé (recherche et enseignement), en redynamisant son expertise technique et stratégique au sein des ministères concernés et en relançant l'AFD sur les questions cruciales qui hypothèquent la réussite du secteur agricole (foncier, conseil agricole, accès au financement et aux investissements). L'AFD est essentiellement un outil de mise à l'échelle, mais peine souvent à initier et innover par d'autres moyens que ses projets d'investissement. Le capital humain et les politiques sectorielles doivent être au cœur de nos interventions dans le secteur agricole.

Renouveler l'action des institutions françaises en charge de l'agriculture et de l'alimentation en Afrique

La question n'est pas de donner au ministère en charge de l'agriculture une mission exclusive de coopération internationale en Afrique dans le secteur agricole. Mais il n'est pas non plus possible d'en faire un simple opérateur isolé, marginalisé, accessoire, comme il l'est devenu.

Pour valoriser ses atouts, ses savoir-faire, en répondant aux besoins de l'Afrique, la France peut compter sur diverses forces et donner au ministère en charge de l'agriculture un rôle spécifique dans cette dynamique d'accompagnement des politiques agricoles africaines au service de la sécurité alimentaire et du développement des filières de production et de transformation locale en s'appuyant sur le trépied « impulsion politique, révision stratégique et nouvelles collaborations ».

Au plan opérationnel, une réforme du ministère en charge de l'agriculture est inévitable s'il veut jouer un rôle plus important dans les politiques agricoles en Afrique

Redonner une vision stratégique impose une gouvernance renforcée de la coopération « agricole et alimentaire » au sein du ministère en charge de l'agriculture.

Il doit retrouver son rôle de plaidoyer et de production d'idées, sa capacité à évaluer et à donner de l'ambition à une stratégie « agricole et alimentaire », particulièrement en Afrique, faite de rencontres « sectorielles » régulières, associant l'ensemble des partenaires publics et privés concernés. Ce rôle doit s'inscrire dans un pilotage et une coordination qui « réalignent » les stratégies, les acteurs et les financements aujourd'hui dispersés et cloisonnés, facilitant entre autre la coordination des agents mis à disposition ou détachés à l'international et la gestion des fonds fiduciaires quand ils existent.

Pour une initiative « Emploi et Souveraineté Alimentaire »

Une telle initiative « Emploi et Souveraineté Alimentaire » doit permettre de faciliter la contribution du secteur privé au développement de l'agriculture et de l'agro-alimentaire en Afrique en reconnectant les filières économiques agricoles et agro-alimentaires françaises à l'ensemble des institutions de recherche et de formation. Le projet porté dans le cadre de la présidence française de l'Union européenne (premier semestre 2022) concernant le développement de la production de protéines végétales en Afrique peut préfigurer le type d'action utile à conduire dans ce sens.

Gérer les divers outils au niveau interministériel en fonction de la nouvelle stratégie

Pour ceux qui connaissent bien les méandres de l'administration et le rôle dévolu à chacune, il est aisé de comprendre que l'ensemble de ce travail et de ces nouvelles tâches impose, en préalable de l'action ministérielle, une démarche interministérielle qui ne pourra être initiée qu'au plus haut niveau politique français. C'est à cette condition que la coopération française dans le domaine de l'agriculture et de l'alimentation, pourra contribuer utilement à lutter contre l'insécurité alimentaire en Afrique et créer dans les filières agro-alimentaires les nombreux emplois qu'il est possible d'y créer pour une jeunesse qui en a besoin.

Conclusion

Après les indépendances, la plupart des pays africains s'étaient engagés dans des politiques agricoles volontaristes, mais, vingt ans après, ils se sont trouvés bloqués dans leur élan par les ajustements structurels. Aujourd'hui, ils subissent les agendas de « l'unilatéralisme du multilatéralisme » (enjeux environnementaux et climatiques) et les modalités d'aide des pays développés (financiarisation).

Suite aux sommets de Maputo (2003) et de Malabo (2014), l'Union Africaine a pu maintenir une priorité à la politique agricole par son Programme détaillé pour le développement de l'agriculture en Afrique (PDDAA). Celui-ci a contribué à structurer les orientations et concrétiser les soutiens de la Banque mondiale et de la FAO à l'échelon de l'Union Africaine ou celui de la BAD et de l'UE à l'échelon régional (appui à la CEDEAO par exemple).

Dans ces évolutions, l'approche française de coopération agricole avec l'Afrique a été portée par un dispositif fort et une doctrine inspirée de la colonisation avant de devoir s'aligner progressivement sur l'aide internationale revisitée à l'occasion des ajustements structurels des années 80, perdant ainsi sa spécificité. Elle a obtenu des succès dont certains ont été utilisés et promus par la communauté internationale, mais n'a pas suffisamment su défendre auprès des partenaires africains l'originalité de sa position et de son approche.

Une analyse plus en profondeur de ce qu'a été l'influence de la France dans les politiques agricoles devrait probablement aller jusqu'au niveau sectoriel (cultures vivrières, cultures de rente, production animales) et de la gestion des ressources naturelles renouvelables. C'est à ces échelons que les impacts ont été les plus marquants, que ce soit sur les politiques forestières (aménagement forestier dans le bassin du Congo, gestion du bois-énergie dans le Sahel...) les politiques de l'eau (gestion par bassin versant : Sénégal, Niger, Nil,...), les politiques d'élevage (santé animale, pastoralisme, petit élevage) et les politiques halieutiques (analyse et gestion partagée des ressources, surveillance).

Au cours de la dernière décennie et depuis la réforme de la coopération française, la coopération agricole s'est rapprochée de la coopération européenne avec des résultats mitigés. Elle s'est, d'une part, alignée sur le dispositif multilatéral et les règles de la commission européenne dans l'espoir de mieux valoriser ses actions et ses financements, mais s'est trouvée, d'autre part, en concurrence croissante avec les autres États membres qui développaient de plus en plus d'actions agricoles, notamment en zone francophone. Elle a été également marginalisée progressivement par les multiples facilités de financements d'autres partenaires bilatéraux (BRICS) et de fondations.

Dans le même temps, la coopération internationale est devenue très « financiarisée » et les approches « macro-économiques » y ont été davantage privilégiées que les approches sectorielles. Dans ce contexte, l'influence agricole française en Afrique fait face aujourd'hui à des réalités issues de l'histoire de sa coopération avec le continent, mais aussi aux réalités actuelles qui questionnent son avenir.

La France, désormais inscrite dans le multilatéralisme, est peu présente et peu visible, notamment du fait d'un positionnement stratégique peu lisible et de moyens opérationnels en dons insuffisants.

Si la France reste un acteur de la coopération agricole en Afrique, sur la lancée des décennies passées, l'atomisation de son action dans le multilatéralisme, les enjeux climatiques, la protection de l'environnement et la nutrition, font caler le moteur de la coopération agricole française. Par ailleurs, le rapprochement avec l'Union européenne n'a pas donné les résultats attendus, que ce soit au niveau multilatéral, compte tenu d'une approche trop bureaucratique, descendante et de plus en plus éloignée du thème agricole dans ses politiques de développement, mais également au niveau des concurrences entre bilatéraux qui nuisent à une approche conjointe et complémentaire des États membres sur le terrain.

Pourtant, les plus hautes autorités de l'État français rappellent le rôle central de l'Agriculture dans notre relation avec l'Afrique et le contexte de la Covid-19 a mis en exergue les questions de souveraineté et d'interdépendances alimentaires qui pourraient porter une nouvelle ambition à ce partenariat. Comment passer de la parole aux actes alors que le moteur de la coopération agricole en Afrique ne tourne plus ?

La pandémie de la Covid-19 et le format du nouveau sommet Afrique-France d'octobre 2021 ont ouvert des réflexions, des questions et des chantiers qui ont mis en exergue l'importance des « destins mêlés » entre l'Afrique et la France et le souci de bâtir un vrai partenariat sur les questions de souveraineté alimentaire réciproque. Par ailleurs, le développement de l'agriculture et de l'agro-alimentaire est une véritable opportunité de création d'emplois sur le continent.

Sous l'impulsion des plus hautes autorités de l'Etat, il est certainement temps de mettre l'ensemble des moyens et des outils davantage en cohérence et en coordination au sein d'une « équipe France agricole et alimentaire » au service de la demande croissante africaine.

ANNEXES

Annexe 1 : Liste des sigles et abréviations

AFD : Agence française de développement

AFDI : Agri-agence, association Agriculteurs français et développement international

AGREENIUM : Alliance de la formation et la recherche pour l'agriculture, l'alimentation, l'environnement et la santé globale

AMIS : *Agricultural Market Information System* (système d'information sur les marchés agricoles)

APD : Aide publique au développement

AVSF : Agronomes et vétérinaires sans frontières

BAD : Banque africaine de développement

BM : Banque mondiale (ou Groupe de la Banque mondiale)

BRGM : Bureau de recherches géologiques et minières, service géologique national

CEDEAO : Communauté Economique des États de l'Afrique de l'Ouest comprenant Bénin, Burkina Faso, Cap Vert, Côte d'Ivoire, Gambie, Ghana, Guinée, Guinée Bissau, Liberia, Mali, Niger, Nigéria, Sénégal, Sierra Leone, Togo

CICID : Comité interministériel de la coopération internationale et du développement

CIRAD : Centre international de la recherche agronomique pour le développement

CGAAER : Conseil Général de l'Alimentation, l'Agriculture et des Espaces Ruraux

DAECT : Délégation pour l'action extérieure des collectivités territoriales (MEAE)

DGAL : Direction générale de l'alimentation/MAA

DGDEV : Direction Générale de la Coopération internationale et du Développement/Commission Européenne

DGER : Direction générale de l'enseignement et de la recherche/MAA

DGPE : Direction générale de la performance économique et environnementales des entreprises/MAA

ENSV/FVI : Ecole Nationale des Services Vétérinaires/France vétérinaire international

ETI : Expert technique International

FAM /ADECIA : FranceAgrimer/Agence pour le développement de la coopération internationale dans les domaines de l'agriculture, de l'alimentation et des espaces ruraux

FAR : Formations agricoles et rurales

FARM : Fondation pour l'Agriculture et la ruralité dans le monde

FAO : Food and Agriculture Organisation (Organisation des Nations unies pour l'alimentation et l'agriculture)

FED : Fonds européen de développement

FERT : Agri-agence, association française de coopération internationale pour le développement agricole des pays en développement et émergents

FFEM : Fonds français pour l'environnement mondial

FIDA : Fonds international pour le développement

FMI : Fonds monétaire international

Franc CFA : Franc de la Communauté financière africaine

FSPI : fonds de solidarité prioritaire et innovant

G7 : Groupe des 7 (Allemagne, Canada, États-Unis, France, Italie, Japon et Royaume-Uni) ; l'Union européenne est également associée aux travaux du G7)

G20 : Groupe des 20 (Afrique du Sud, Allemagne, Arabie saoudite, Argentine, Australie, Brésil, Canada, Chine, Corée du Sud, États-Unis, France, Inde, Indonésie, Italie, Japon, Mexique, Royaume-Uni, Russie, Turquie et Union européenne)

GAFSP : Programme mondial pour l'agriculture et la sécurité alimentaire (*Global Agriculture and Food Security Program*)

GISA : Groupe interministériel sur la sécurité alimentaire

GPAFS : Partenariat mondial pour l'agriculture et la sécurité alimentaire (*Global Partnership for Agriculture and Food Security*)

GRET : ONG internationale de développement solidaire, qui agit du terrain au politique, pour apporter des réponses durables et innovantes aux défis de la pauvreté et des inégalités.

HLPE : *High Level Panel of Experts* (Groupe d'experts de haut niveau sur la sécurité alimentaire et la nutrition)

IFREMER : Institut français de Recherche pour l'Exploitation de la Mer

IG : Indication géographique

INRAE : Institut national de la recherche agronomique et environnementale

IRD Institut de recherche pour le développement

MAA : Ministère de l'agriculture et de l'alimentation

MAD : Mis à disposition

MEAE : Ministère de l'Europe et des affaires étrangères

MEF : Ministère de l'économie et des finances

MESRI Ministère de l'enseignement supérieur, de la recherche et de l'innovation

MTES Ministère de la Transition écologique et solidaire

NASAN : Nouvelle alliance pour la sécurité alimentaire et nutritionnelle en Afrique

NEPAD : Nouveau Partenariat pour le développement de l'Afrique

PDDAA : Programme détaillé pour le développement de l'agriculture africaine

PNIA : Programmes nationaux d'investissement agricole

PNUD : Programme des Nations unies pour le développement

PRIA : Programmes régionaux d'investissement agricole

OCDE Organisation de coopération et de développement économiques

ODD Objectif de développement durable

OIE : Organisation mondiale de la santé animale

OIT : Office international du travail

OMC : Organisation mondiale du commerce

OMD : Objectifs du millénaire pour le développement

OMS Organisation mondiale de la santé

OSC : Organisation de la société civile

PAM : Programme alimentaire mondial

PARM : *Platform for Agricultural Risk Management* (plateforme de gestion des risques agricoles)

SCAC : Service de coopération et d'action culturelle

SGAE : Secrétariat général aux affaires européennes

STABEX : Fonds de stabilisation des recettes d'exportation sur les produits agricoles

UE : Union européenne

UEMOA : Union monétaire ouest-africaine comprenant Bénin, Burkina Faso, Côte d'Ivoire, Guinée Bissau, Mali, Niger, Sénégal et Togo

Annexe 2 : Revue documentaire

(Références additionnelles à celles de bas de page)

- Action contre la faim, CCFD-Terre Solidaire, Oxfam France, Peuples solidaires, & Réseau Foi et Justice (2013). Le G8 et sa Nouvelle Alliance : une menace pour la sécurité alimentaire et nutritionnelle en Afrique ?
- AFD et Ministère de l'Agriculture et de l'Alimentation (2019). Analyse et préfaisabilité d'un projet d'appui à l'enseignement technique et la formation professionnelle agricole en Angola, novembre 2019.
- AFD. (2010). Cadre d'Intervention Sectoriel : Développement Rural 2010-2012. Paris : Agence Française de Développement. 51 pages.
- AFD. (2013). Sécurité alimentaire en Afrique subsaharienne Cadre d'intervention stratégique 2013-2016. Paris : Agence française de développement.
- Alheritiere A., Lebourgeois M., Moncond'huy L., & Neder K. (2012). Le G20 agricole -Paris, les 22 et 23 juin 2011 : Enjeux et bilan du processus décisionnel. In Projet collectif Sciences Po & Centre de coopération Internationale en recherche agronomique pour le développement (CIRAD) sous la direction de J.J. Gabas.
- Allard P. (2011). La France peut-elle vraiment orienter le G20 ?
- Assemblée Nationale (2017). Rapport d'information sur l'aide publique au développement, 24 octobre 2017, Mme Bérengère Poletti, M Rodrigue Kokouendo.
- Balié Jean, Fouilleux Eve (2008). Enjeux et défis des politiques agricoles communes en Afrique : une mise en perspective avec l'expérience européenne, 2008, n° 46, pp 157-171, https://www.cairn.info/revue-autrepart-2008-2-page-157.htm
- Balandier G. (1971). Sociologie actuelle de l'Afrique noire, Dynamique sociale en Afrique centrale, Paris, Presses universitaires de France.
- Banque mondiale (1994). Adjustment in Africa: Reforms, Results and the Road Ahead, Washington DC.
- Banque mondiale (2013). Policy Brief: Opportunities and Challenges for Climate-Smart Agriculture in Africa Washington.
- Bayart JF. (1990). France-Afrique : la fin du pacte colonial. Politique Africaine : pp 47-53.

- Bricas N., Lamine C., & Casabianca F. (2013). Agricultures et alimentations : des relations à repenser ? Nat. Sci. Soc., 21(1), 66-70. Doi : http://dx.doi.org/10.1051/nss/2013084
- Bridier M. et Michailof S. (1980). Guide pratique d'analyse de projets, Paris, Economica.
- Campbell B, Gabas J-J, Pesche D. (2012). Transformation des politiques de coopération : entre régime d'aide et logiques nationales. Note conceptuelle (version provisoire). Montréal : UQAM, GEMDEV, CIRAD. 16 pages.
- Campus France (2019). Les notes, n° 59, juin 2019, L'enseignement agricole : Mobilités et coopération entre la France et l'Afrique subsaharienne.
- Campus France (2019). Dynamiques régionales, n° 1, décembre 2019, Mobilités et coopérations universitaires en Afrique subsaharienne.
- Campus France (2020). Les notes, n° 63, Novembre 2020, L'enseignement à distance en Afrique subsaharienne : états des lieux, enjeux et perspectives.
- Canfin P. (2013). Une volonté d'innover. Faim et Développement Magazine, mai 2013.
- CCCE. (1986). Dorénavant, en matière de développement rural, plutôt que des structures d'État, c'est en environnement socio-économique motivant qu'il faut promouvoir. Note interne non signée de la Caisse Centrale de Coopération Economique.
- CGAAER (2013). Rapport n°13110. Cartographie des acteurs de la coopération agricole avec les pays du Sud et de l'Est de la Méditerranée. Décembre 2013.
- CGAAER (2017). Rapport n°15108. Sécurité et indépendance alimentaires en Afrique du Nord : quel rôle peut jouer le Ministère de l'agriculture et de l'alimentation ? Juin 2017.
- Chapello E. (2017). La financiarisation des politiques publiques, Monde en développement, vol 178, n° 2, pp 23-40.
- Chataigner J-M. et Magro H (2008). États et sociétés fragiles : entre conflits, reconstruction et développement, Paris, Karthala.
- Chervel M. et Le Gall M (1976). Manuel d'évaluation économique des projets. La méthode des effets, Paris, Ministère de la Coopération.
- Comité d'aide au développement (2008). France, revue par les pairs, Paris OCDE.
- Comité interministériel de la coopération internationale et du développement – CICID (2000). La coopération française au

développement, une refondation, Paris, la documentation française.

- Coop de France (2016). La coopération agricole française et l'Afrique subsaharienne, 10 propositions pour bâtir ensemble des partenariats gagnants, Invivo Foudation, décembre 2016.
- Coste J, Doligez F, Egg J, Perrin G, (2020). La fabrique des politiques publiques en Afrique, Karthala, Paris, IRAM, 308 pages.
- Cour des comptes (2012). La politique française d'aide au développement. Rapport publique thématique. Paris : Cour des Comptes.
- Coussy J. (2005). La participation française aux aides multilatérales. In J.-J. Gabas (Ed.), L'aide publique française au développement (pp. 55-78). Paris, la documentation française.
- CSAO (2007). La souveraineté alimentaire en Afrique de l'Ouest : des principes à la réalité, Document du Club du Sahel, 1er forum régional de la souveraineté alimentaire organisé par le ROPPA, CSAO/OCDE, Paris, 63 pages.
- Dezalay Y, Garth B. (1998). Le "Washington consensus" : contribution à une sociologie de l'hégémonie du néolibéralisme. Actes de la Recherche en Sciences Sociales : 3-22.
- Doligez François (2016). La coopération agricole française et l'Afrique : 10 propositions pour bâtir ensemble des partenariats gagnants, Livre blanc, COOP DE FRANCE, décembre 2016, 112 p, https://www.cairn.info/revue-recma-2017-3-page-119.htm
- Dordain D, Mogenet L. (2012). Le paradigme de l'aide projet fait de la résistance. De la dépendance à la réappropriation. Afrique contemporaine 2012/1, n° 241, pp.11-27.
- Douillet Mathilde (2012). Trade policies and agriculture in Sub-Saharan Africa, thèse Ecole doctorale de Sce Po Paris, soutenue le 22 juin 2012.
- Dumont R (1962). L'Afrique noire est mal partie. Paris, Le Seuil.
- FAO (2013). Suivi et analyse des politiques agricoles et alimentaires en Afrique, Rapport de synthèse 2013, Federica Angelucci, Jean Balié, Hélène Gourichon, Alban Mas Aparisi, Megan Witwer.
- FARM (2008). Les potentialités agricoles de l'Afrique de l'Ouest, CEDEAO, Roger Blein, Bio Goura Soulé, Benoît Faivre Dupaigre, Borgui Yérima février 2008.
- Félix Alain (2006). Eléments pour une refonte des politiques agricoles en Afrique subsaharienne, 2006, n° 217, pp 159-172, https://www.cairn.info/revue-afrique-contemporaine-2006-1-page-

159.htm

- Gabas J-J., dir. (2005). L'aide publique française au développement, Paris, La documentation française.
- Gabas J-J, Ribier V, (2020). Quelle place pour les agricultures dans les plans émergence des gouvernements africains ? In JJ Gabas, M Lautier et M Vernières (éd), Prospectives du développement, Karthala, Paris, 180 pages.
- Gabas J-J, Vernières M. (2011). Les transformations dans le système de l'aide internationale. Techniques Financières et Développement : 5-12.
- Gentil D. (2013). Au cœur de la coopération internationale. Trajectoire d'un praticien. Editions Karthala, 197 pages.
- Giri J. (1986). L'Afrique en panne, vingt-cinq ans de développement, Paris, Karthala.
- Griffon M. (2011). Pour des agricultures écologiquement intensives, Paris, L'aube « Poche ».
- Griffon M. et Jacquemot P. (1983). Pénuries alimentaires et stratégies agricoles en Afrique subsaharienne. Critiques de l'économie politique, n° 25, sept.-déc.
- G8. (2009). "L'Aquila" Joint Statement on Global Food Security - L'Aquila Food Security Initiative (AFSI).
- Hollinger Frank (FAO) et Staatz John M. (Michigan State University) (2015). Croissance Agricole en Afrique de l'Ouest : Facteurs déterminants de marché et de politique. Publié conjointement par la Banque africaine de développement (BAD), l'Organisation des Nations Unies pour l'alimentation et l'agriculture (FAO) et la Communauté économique des États de l'Afrique de l'Ouest (CEDEAO) Rome, 2015.
- Hubert B, Goulet F, Magnani S, Tallon H, & Huguenin J (2013). Agriculture, modèles productifs et options technologiques : orientations et débats. Nat. Sci. Soc, 21(1), 71-76. DOI http://dx.doi.org/10.1051/nss/2013085
- Hugon Ph. (2007). La politique économique de la France en Afrique, la fin des rentes coloniales ?, Politique africaine, n° 105, mars.
- Hugon Ph, (2013). Mémoires solitaires et solitaires, Trajectoire d'un économiste du développement, Eidtions Karthala, 302 pages.
- INRA. (2013). Synthèse 2 : Demain la ferme france : Vers des agricultures à hautes performances. Paris : INRA pour le Commissariat Générale à la Stratégie et à la Prospective.
- Inter réseaux développement rural (2019). Le rôle croissant du secteur privé dans les politiques agricoles et alimentaires en Afrique, mars 2019.

- Jacquemot P. (2011). Cinquante ans de coopération française en Afrique subsaharienne. Une mise en perspective. Afrique contemporaine 2011/2, n° 238, pp.45-57 et 2011/3, n° 239 pp.25-34.
- Bélières JF, Bonnal P, Bosc PM, Losch B, Marzin J. & Sourisseau J.-M. (2013). Les agricultures familiales du monde, Définitions, contributions et politiques publiques. In Cirad & AFD (Eds) Montpellier.
- Jobert B, ed. (1994). Le tournant néo-libéral en Europe. Paris, L'Harmattan (Logiques Politiques).
- Kaul I., Grunberg I., Stern M. (1999). Global Public Goods. International Cooperation in the 21th Century, Oxford University Press.
- Kabou A. (1991), Et si l'Afrique refusait le développement ? Paris, L'Harmattan.
- Lejeune H. (2021), Le saut du léopard, regards sur le présent et le futur de l'Afrique. Paris, L'Harmattan.
- Levard Laurent, Lagandré Damien (2019). La cohérence des politiques commerciales et de développement : le cas de l'APE Afrique de l'Ouest, MAA, CEP, NESE n° 46, Décembre 2019, pp. 7-34.
- Losch B, Fréguin-Gresh S, & White, E T (2012). Structural Transformation and Rural Change Revisited: The World Bank.
- Losch B., Magrin G., & Imbernon J. (2013). Une nouvelle ruralité émergente - Regards croisés sur les transformations rurales africaines. Montpellier : Cirad, NEPAD.
- Losch B. (2014). Les agricultures familiales : au cœur de l'histoire des agricultures du monde. In J.-M. Sourisseau (Ed.), Agricultures familiales et mondes à venir. Paris : Quae et AFD.
- Maragnani (2008). Les enjeux de la formation professionnelle et technique dans le secteur agricole et le milieu rural, cas de l'Afrique de l'Ouest, Ministère des Affaires Etrangères et Européennes.
- Marchesin P. (1998). La politique africaine de la France en transition. Politique Africaine : 91-106.
- Mazal A. (2008). FAO : Le "revirement" de la France, Le Journal Du Dimanche. Retrieved from http://www.lejdd.fr/Economie/Actualite/FAO-Le-revirement-de-la-France-92141
- Meillassoux C. L. (1975), Femmes, greniers et capitaux, Maspero.
- Meimon J. (2007). L'invention de l'aide française au développement. Discours, instruments et pratiques d'une dynamique hégémonique. Paris : Centre d'études et de recherches internationales (CERI), Sciences Po. 44 pages.

- Meimon J. (2010). Culte du terrain à la rue Monsieur. Les fonctionnaires de la France d'outre-mer et de la coopération. Afrique contemporaine, 2010/4 n° 236, pp.53-65.
- Meimon Julien (2014). Faire carrière en Coopération. Les logiques contrariées de la professionnalisation des « développeurs ». In : Outre-mers, tome 101, n° 384-385, 2014. Coopérants et coopération en Afrique : circulations d'acteurs et recompostions culturelles (des années 1950 à nos jours) pp.65-79.
- Michailof S, dir. (1993). La France et l'Afrique. Vademecum pour un nouveau voyage, Paris, Karthala.
- Ministère des Affaires Etrangères (2000). Le développement des agricultures d'Afrique subsaharienne, Repères pour les actions de la coopération française. Paris. 32 pages.
- Ministère des Affaires Etrangères (2013). Agenda du développement post-2015 : Papier de position français élaboré en concertation avec la société civile. Paris : Retrieved from http://www.diplomatie.gouv.fr/fr/IMG/pdf/_Position_fr_agenda_post-2015_VF_cle0cb11f.pdf.
- Ministère des Affaires Etrangères (2013). Rapport d'Evaluation n° 122, 2013, Evaluation du transfert de l'assistance technique à l'AFD, GRET, ALLOU serge et LEVY Marc.
- Ministère des Affaires Etrangères (2019). Rapport bisannuel 2016-2017, Politique de développement et de solidarité internationale, DGM.
- Ministère de l'Agriculture et de l'Alimentation (2018). Accord entre le gouvernement de la république française et le Gouvernement de la République d'Angola dans le domaine de l'agriculture, Luanda, 1er mars 2018.
- Ministère de l'Agriculture et de l'Alimentation (2019). Déclaration conjointe à l'occasion de la visite du Ministre de l'Agriculture et de l'Alimentation à Luanda, le 2 juin 2019.
- Ministère de la Coopération et du Développement CCCE (1990). Politique agricole et développement rural en Afrique subsaharienne. Tiré à part du rapport d'activité 1989-1990. 15 pages.
- Moyo Dambisa (2009). L'aide fatale, les ravages d'une aide inutile et de nouvelles solutions pour l'Afrique, Paris, J-C. Lattès.
- Nations Unies (2013). À new global partnership : Eradicate poverty and transform economies through sustainable development. The Report of the High-Level Panel of Eminent Persons on the Post-2015 Development Agenda. New York.
- Naudet D. (1999). Trouver des problèmes aux solutions, vingt ans

d'aide au Sahel, Paris, OCDE, Club du Sahel.

- Naudet D. (2011). Les réformes de l'aide au développement en perspective de la nouvelle gestion publique. Techniques Financières et Développement : pp.13-33.
- Nubukpo K. (2011). L'improvisation économique en Afrique de l'ouest. Du coton au franc CFA, Collections "les Afriques", Karthala. 137 pages.
- Olivier de Sardan J-P. (1995). Anthropologie et développement, essai en socio-anthropologie du changement social, Paris, Karthala.
- Papa Nouhine Dieye (2008). Les politiques agricoles en Afrique subsaharienne : une symphonie inachevée, Grain de sel, n° 41-42 — décembre 2007 – mai 2008.
- Pisani Edgard, Chatellier Vincent (2010). La faim dans le monde, le commerce et les politiques agricoles, Revue française d'économie, 2010, Volume XXV, p 3 à 77, https://www.cairn.info/revue-francaise-d-economie-2010-1-page-3.htm
- PNUE. (2011). Towards a green economy - Pathways to sustainable development and poverty eradication. Nairobi : Programme des Nations Unies pour l'Environnement.
- Rapport de l'observatoire permanent de la coopération française (2001). Editions Karthala, 242 pages.
- Ribier V, Baris P, (2013). Vers un renouveau des politiques agricoles en Afrique, Deméter 2014, Club Demeter, Paris, 2014, p143-158.
- Ribier V, Gabas JJ, Binet N, (2016). Puissance et déclin du modèle français de coopération agricole, in BK CAMPBELL, JJ GABAS, D. PESCHE et RIBIER. V, Les transformations des politiques de coopération, Karthala, Presse de l'Université du Québec, Paris, p95-141.
- Rolland Jean Pierre (2016). La formation agricoles et rurale des jeunes, un enjeu crucial en Afrique, 2016, N° 259, pages 122 à 125, https://www.cairn.info/revue-afrique-contemporaine-2016-3-page-122.htm
- Sadoulet D. (2007). La coopération au développement en France. Réforme et modernisation de l'État. L'Harmattan. 220 pages.
- Sarkozy, N. (2008). Intervention de M. Le Président de la République. Paper presented at the Conférence de haut niveau sur la sécurité alimentaire mondiale - FAO, Rome. http://www.fao.org/fileadmin/user_upload/foodclimate/statements/fra_Sarkozy.PDF
- Sarraut-Woods J. (1998). La politique française de coopération en

matière de développement rural : des certitudes à la dérive. In Rapport annuel. Paris : Observatoire Permanent de la Coopération Française.

- Sassen S. (2009). Critique de l'État. Territoires, Autorité, Droits de l'époque médiévale à nos jours. Paris : Démopolis, Le Monde diplomatique. 474 p.
- Severino J-M. et Charnoz O (2005), « Les mutations impromptues : état des lieux de l'aide au développement », Afrique contemporaine, 213.
- Suwadu Sakho-Jimbira et Ibrahima Hathie (2020). L'avenir de l'agriculture en Afrique subsaharienne, OCDE, POLICY BRIEF, N° 2, Avril 2020.
- Technical Support Team. (2013). TST Issues Brief: Sustainable Agriculture. Prepapred for the Third session of the Open Working Group on Sustainable Development Goals. New York : United Nations.
- Tourte R. (1983). Le Gerdat et la Recherche-Développement ou les voies et pratiques qui ont conduit le Gerdat à la Recherche-Développement. Les cahiers de la Recherche-Développement n° 1, 1983, pp. 17-21.
- Tschirley D., Poulton C., Gergely N., Labaste P., Baffes J., Boughton D., Estur G. (2010). Institutional diversity and performance in African cotton sectors. Development Policy Review, 2010, 28(3) : 295-323.
- Union européenne (2018). Un agenda Afrique-Europe pour la transformation rurale, Rapport de la Task Force Afrique Rurale, mai 2018.
- Védrine H., Zinsou L., Thiam T., Severino J.-M., & Karoui H. E. (2013). Un partenariat pour l'avenir : 15 propositions pour une nouvelle dynamique économique entre l'Afrique et la France. Rapport pour le Ministre de l'Économie et des Finances. Paris.
- Wambo A. (2009). La gouvernance des politiques publiques en Afrique subsaharienne en période post-ajustement structurel : Une critique de la valeur ajoutée du NEPAD face au défi agricole, Université Paris-Sud 11, Faculté Jean Monnet, Paris.
- Winter G. (2010). À la recherche du développement. Un fonctionnaire au service d'une passion. Kathala, 288 pages.
- Winter G. (2002). L'impatience des pauvres, Paris, PUF, Histoire et société.

Annexe 3 : Experts et acteurs consultés

NOM Prénom	Organisme	Fonction
ABIS Sébastien	DEMETER	Directeur général
ABT Vincent	MAA	CA régional/Nairobi
ANGOT Jean Luc	MAA /CGAAER	Président de la section « Prospective, Société, International »
APPOLIN Frédéric	AVSF	Directeur général
BABIN PELLIARD Delphine	MEAE RP Rome	Conseillère agricole, en charge des dossiers FAO et CSA
BACHELIER Bernard	Ex CIRAD... FARM	Retraité
BADUEL Valérie	MAA /DGER	Directrice générale
BENLAFQUIH Rachid	MAA DGER /SESRI	Chargé de mission Afrique subsaharienne
BOCHE Matthieu	AFD /NAT/ARB	Chargé de mission
BOCKEL Louis	FAO	Economiste
BOSSARD Laurent	Secrétariat du Club du Sahel	Directeur
BURGAUD François	SEMAE /GNIS	Conseiller du président
BURGEON Dominique	FAO	Directeur des Urgences
CARON Patrick	Université de Montpellier	Vice-président
CHAUVEAU Christophe	AVSF	Directeur des opérations

CHENET Nicolas	Expertise France	Directeur du département développement durable
CHOMIENNE jean Pierre	MAA	CA régional/Abidjan
CLAVERIE Elisabeth	CIRAD	Directrice générale déléguée à la recherche
CONAN Hervé	Expertise France	Directeur des opérations
CONSTANT Catherine	MAA /DGAL /SGISA	Chargée des coopérations bilatérales
CUZON Jean René	AFD /NAT/ARB	Chargé de mission
DARRACQ Sonia	MAA	CA régional/Abuja
DEBAR Jean Claude	FARM	Président
DIDIERLAURENT Sabine	ENSV-FVI	Directrice générale adjointe
DOLIGEZ François	IRAM	Directeur général
EDDI Michel	CIRAD	Président directeur général
EVAIN Loïc	MAA /DGAL	Directeur général adjoint, CVO
FABRE Jérôme	Compagnie Fruitière	Directeur général
FAIRISE Nicolas	MEAE /DGM /DDD	Chef pôle sécurité alimentaire
FAIVRE DUPAIGRE Benoit	AFD /NAT/ARB	Chargé de mission
FERREIRA Bruno	MAA /DGAL	Directeur général
FORGET Vanina	BM/Politiques de développement durable	Economiste agricole

FORMAN Stéphane	BM/Afalula (Agence Française pour le développement d'AlUla	Spécialiste principal agricole/Responsable du pôle Agriculture
FRANCOIS Jean Luc	Ex MAA /CGAAER /AFD	Retraité
FUSILLER Christian	AFD /NAT/ARB	Chef de Division ARB
GABAS Jean Jacques	IEP Institut d'études politiques de Paris	Enseignant
GASPARETTO François	MAA /DGER /SESRI	Chargé de mission Asie, Maghreb, Proche et Moyen Orient
GAYMARD Hervé	Conseil Départemental Savoie	Ancien Ministre, Président du conseil départemental
GEFFROY André	Ex AFDI, France Volontaires	Conseiller du président
GHANEM Hafez	BM/Région Afrique de l'Est et Australe	Vice-président
GLADE Marie Pierre	FAM /CIPAC	Adjointe à la cheffe d'unité
GODFRAIN Jacques	France Volontaires	Président, ancien ministre de la Coopération
GRAVELLINI Jean Marc	Ex AFD, ALFA	Secrétariat Initiative privée Alfa
GROSCLAUDE Marianne	BM/Région Moyen Orient et Afrique du Nord	Directrice groupe agriculture
GUERSON Nathalie	ENSV-FVI	Directrice générale
HAMDI Laure	AFDI	Directrice générale
HAMPARTZOUMIAN Hélène	MEAE /DAECT	Chargée de mission climat, agriculture, développement durable
ISAMBERT Jean-François	FERT	Président
ITTE Sylvain	MEAE	Ambassadeur, envoyé spécial diplomatie publique en Afrique

JACQUEMOT Pierre	GRET	Président
JALOUSTRE Séverine	Institut F'SAGRI	Directrice ajointe (MAD)
KLEITZ Gilles	AFD /NAT /Division transition écologique	Directeur
LE GRIX Matthieu	AFD /NAT/ARB	Adjoint au chef de division
LE GUILLOUX Guenael	Groupe Avril	Responsable du service Agropole
LEGILE Anne	Parc National Cévennes	Directrice
LINTANF Philippe	MAA /DPMA / SDRH/BAEI	Chef de bureau
LOQUET Marilyne	MEAE /SCAC	Attaché coopération enseignement agricole (MAD)
LOSCH Bruno	CIRAD /Afrique du sud	Chercheur
MANSSOURI Mohamed	FAO/Centre d'investissement	Directeur
MELARD Anaïs	MAA /DPMA/SDRH	Chargée de mission
MSELLATI Laurent	BM/Région Amérique Latine et Caraïbes	Représentant résident Haïti
NUBUKPO Kako	UEMOA	Commissaire agriculture
OUILLON Isabelle	MAA /DGPE / SEI	Cheffe du bureau BMSA
PANEL Anne	FERT	Directrice générale
PARIS Franck	Elysée	Conseiller Afrique
PELLET Jérémie	Expertise France	Directeur général
PETIT Michel	IAMM, Ex BM (Directeur Agriculture)	Retraité

PETITHUGUENIN Philippe	CIRAD	Chargé partenariats internationaux
PIPRAUD Philippe	MAA /DGPE / SEI	Chargé des relations bilatérales avec l'Afrique subsaharienne
PIRAS Pier Paolo	UE/EC/DGDEVCO	Chargé de mission
PUECH Lilian	AGREENIUM	Délégué de l'Alliance
RENARD Philippe	MAA /DGER /SESRI	Chef de bureau
RICHET TRAORE Mélissa	MEAE /DCER	Chargée de mission
RUIZ Gerardo	MAA /DGER /SESRI	Adjoint au chef de bureau
SAVELLI Pierre Ange	Institut d'études politiques de Paris	Haut fonctionnaire, Enseignant
SCHILL Marie	MEAE /DGM /DDD	Rédactrice Formation recherche agricole
SIMON Françoise	MAA /DGPE / SEI	Sous-directrice
SOUHARSE Anne	AFDI	Responsable du pôle partenariats
SOULA Jean Jacques	Ex MEAE, OIE	Consultant
TANZARELLA Victor	MEAE /DE/secteurs stratégiques	Rédacteur agriculture et agroalimentaire
TARDIVEL Alexia	MEAE /DCER	Chargée de mission
TEXIER Pierre Henri	Ex CFDT, FARM	Membre
THIBAULT Henri Luc	MAA /CGAAER	Membre
THOMAS Laurent	FAO	Directeur général adjoint

THOMAS Philippe	UE/EC/DGDEVCO /Direction des ux	Chef d'équipe Systèmes agricoles et alimentaires, Crises et résilience
TORRE Claude	AFD /NAT/ARB	Chargé de mission
TRAN Monique	FAM	Mission Filières, Déléguée Pêches et aquaculture
VALLAT Bernard	Ex MAE /MAA /OIE (DG), FICT	Président
WAAG Dominique	MEAE /DCER	Sous-directrice
YRLES Stéphane	Groupe Avril	Secrétaire général

Table des matières

Structures éditoriales du groupe L'Harmattan

L'Harmattan Italie
Via degli Artisti, 15
10124 Torino
harmattan.italia@gmail.com

L'Harmattan Hongrie
Kossuth l. u. 14-16.
1053 Budapest
harmattan@harmattan.hu

L'Harmattan Sénégal
10 VDN en face Mermoz
BP 45034 Dakar-Fann
senharmattan@gmail.com

L'Harmattan Cameroun
TSINGA/FECAFOOT
BP 11486 Yaoundé
inkoukam@gmail.com

L'Harmattan Burkina Faso
Achille Somé – tengnule@hotmail.fr

L'Harmattan Guinée
Almamya, rue KA 028 OKB Agency
BP 3470 Conakry
harmattanguinee@yahoo.fr

L'Harmattan RDC
185, avenue Nyangwe
Commune de Lingwala – Kinshasa
matangilamusadila@yahoo.fr

L'Harmattan Congo
67, boulevard Denis-Sassou-N'Guesso
BP 2874 Brazzaville
harmattan.congo@yahoo.fr

L'Harmattan Mali
Sirakoro-Meguetana V31
Bamako
syllaka@yahoo.fr

L'Harmattan Togo
Djidjole – Lomé
Maison Amela
face EPP BATOME
ddamela@aol.com

L'Harmattan Côte d'Ivoire
Résidence Karl – Cité des Arts
Abidjan-Cocody
03 BP 1588 Abidjan
espace_harmattan.ci@hotmail.fr

L'Harmattan Algérie
22, rue Moulay-Mohamed
31000 Oran
info2@harmattan-algerie.com

L'Harmattan Maroc
5, rue Ferrane-Kouicha, Talaâ-Elkbira
Chrableyine, Fès-Médine
30000 Fès
harmattan.maroc@gmail.com

Nos librairies en France

Librairie internationale
16, rue des Écoles – 75005 Paris
librairie.internationale@harmattan.fr
01 40 46 79 11
www.librairieharmattan.com

Librairie l'Espace Harmattan
21 bis, rue des Écoles – 75005 Paris
librairie.espace@harmattan.fr
01 43 29 49 42

Lib. sciences humaines & histoire
21, rue des Écoles – 75005 Paris
librairie.sh@harmattan.fr
01 46 34 13 71
www.librairieharmattansh.com

Lib. Méditerranée & Moyen-Orient
7, rue des Carmes – 75005 Paris
librairie.mediterranee@harmattan.fr
01 43 29 71 15

Librairie Le Lucernaire
53, rue Notre-Dame-des-Champs – 75006 Paris
librairie@lucernaire.fr
01 42 22 67 13

www.ingramcontent.com/pod-product-compliance
Lightning Source LLC
LaVergne TN
LVHW021236061026
849535LV00008B/3085
* 9 7 8 2 3 4 3 2 5 5 7 0 5 *